Ahmetbašić Tarwin

IZDAVAČ

"IKRE" - Kantonalni fond za stipendiranje i školovanje djece poginulih boraca i poginulih civila - žrtava rata, Sarajevo

SUIZDAVAČ
"COMPACT-E", Publishing House Sarajevo

UREDNIK
Enver Čaušević

RECENZENTI
Prof dr Sadudin Musabegović
Nada Salom

LIKOVNO-GRAFIČKA OPREMA
Fehim Begović

NASLOVNA STRANA
Fehim Demir

Sarajevo, 1997.

PUBLISHER
"IKRE" - Cantonal Foundation for scholarships and schooling of children of killed soldiers and civilians killed during war - Sarajevo

CO-PUBLISHER
"COMPACT-E",
Publishing House Sarajevo

EDITOR
Enver Čaušević

REVIEWS
prof. Dr. Sadudin Musabegović
Nada Salom

ARTISTIC AND GRAPHICAL OUTFIT
Fehim Begović

FRONT PAGE
Fehim Demir

Sarajevo 1997

YAYINLAYAN

Saraybosna Kantonu Şehit Asker ve Sivillerin Çocuklarına Burs verme ve Eğitim Fonu "İKRE"

YAYIN ORTAĞI
"COMPACT-E",
Publishing
House Sarajevo

EDİTÖR
Enver Çauşeviç

TEFTİŞ EKİBİ
Prof. dr. Sadudin Musabegoviç
Nada Salom

GRAFİK
Fehim Begoviç

KAPAK
Fehim Demir

Saraybosna, 1997

الناشـر:

"إقرأ" – الصندوق الإقليمي للمنـح الدراسـية لأولاد الشـهداء وضحـايا الحرب من المدنيين – سـرايـيفو

الناشر المساعد:
COMPACTE, Publishing House - Saraevo

التحرير:
أنور شـاويشـفيتش

المراجعة التخصصية:
البروفسـور الدكتور سـعد الدين موسـى بيكـوفيتش

التحرير الفني:
فـهيم بيكـوفيش

صفحة الغلاف:
فـهيم دمير

سـرايـيفو. ١٩٩٧م.

Fehim DEMIR

TO JE
THIS IS
IŞTE SARAYEVO

سراييفو هذه هي

SARAJEVO

(1992-1997)

RIJEČ IZDAVAČA

U okviru svojih redovnih programskih djelatnosti Kantonalni fond za stipendiranje i školovanje djece poginulih boraca i poginulih civila - žrtava rata "IKRE" opredijelio se za realizaciju foto-monografije "TO JE SARAJEVO", autora Fehima Demira, uglednog fotoreportera European Press Agency iz Frankfurta koji je cio rat snimao u Sarajevu. Zanimljivo je istaći da je ovo prva autorska foto-monografija priređena u Bosni i Hercegovini od Drugog svjetskog rata. Zbog toga izražavamo zahvalnost svima koji su nam pomogli u njenoj realizaciji.

Prigodom promoviranja monografije u zemlji i van nje bit će priređena i izložba najvećeg dijela publiciranih fotografija. Time će ova izvanserijska ostvarenja postati dio multimedijalnog umjetničkog čina.

Sa zadovoljstvom potcrtavamo da je ova foto-monografija štampana u Bosni i Hercegovini, što je još jedan dokaz da se ratom porušena i opustošena zemlja, uz pomoć prijatelja i donatora, veoma brzo može oporaviti za samostalno privređivanje.

Za uspješnu realizaciju ovog i niza drugih projekata Fond "IKRE" posebnu zahvalnost duguje organizacijama: IPAB - Vicenza, A.N.S.D.I.P.P. iz Piavo di Sacco , ASIS - Vicenza, Komitet građana za pomoć BiH - Rim /svi iz Italije/, Hanimlar Egitim ve kultur Vakfi, Birlik Vakfi, Kudžuk Vakfi /svi iz Turske/, Dječija bolnica dr. Haider Zaman /Pakistan/, džemat džamije Plav-Gusinje /USA/ te plemenitim i vrijednim ljudima kao što su Safet Altin, dr Sead Kirlić, Tarik Redžaoglu, Aida Ozeturk-oficijelni predstavnik Fonda "IKRE" u Turskoj, Iliyas Rustempašić, Mehmed Fatih Kulukoglu /USA/, te domaćim donatorima: Fotooptik, Energoinženjering, AMG Eurocentar, VIAS, Sarajevska pivara, Fabrika duhana Sarajevo, Feroelektro i dr.

Ovo je naš zajednički projekat od kojeg će neposrednu pomoć dobiti dio od naših 6.500 štićenika koji su u ratu u Bosni izgubili jednog ili oba roditelja. Naizgled je to kap u čaši života, ali bez te kapi ovim nevinim žrtvama rata život bi bio još teži. Radi toga, pridružite nam se da im pomognemo da zaliječe rane i pripreme se za normalan život dostojan čovjeka.

Enisa Rustempašić,
direktor Fonda "IKRE"

BY THE PUBLISHER

In the frame of regular programme activities, the Cantonal Fund for scholarships and education for children of soldiers and civilians killed during the war in Bosnia, "IKRE" from Sarajevo decided to make photo-monograph "TO JE SARAJEVO" ("That is Sarajevo"). Author of the monograph is press-photographer of European Press Agency from Frankfurt, Fehim Demir, who was living and working in Sarajevo during the war. It is interesting to emphasize that this is the first photo-monograph produced in Bosnia and Herzegovina after the Second World War. Therefore we would like to extend our gratitude to all of those who helped in this process.

Promotions of the monograph (in the country and abroad) will be followed by exhibitions of the most of the photos which were published. These achievements will become a part of multimedia artistic act.

We would like to underline that this monograph was printed in Bosnia and Herzegovina, what proves once more that this destroyed country can make its own products with some assistance by friends and donators.

For the successful implementation of this project we would like to thank the following institutions and organisations: IPAB - Vicenza (Italy), A.N.S.D.I.P.P. from Piavo di Sacco (Italy), ASIS - Pescara (Italy), The Commitee of Citizens for helping B&H - Rim /Italy/ Hanimlar Egitim Ve Kultur Vakfi, Birlik Vakvi, Kudžuk Vakfi /svi iz Turske/, Hospital for Children Dr Haider Zaman /Pakistan/, religious community of the Plav-Gusinje Mosque, noble and hardworking people such as Dr Sead Kirlić, Tarik Redžaoglu, Safet Altin, Aida Ozeturk - official representative of the Foundation IKRE /all from Turkey/ Iliyas Rustempašić, Mehmed Fatih Kulukoglu from USA, and domestic donators Fotooptik, Elektroinženjering, AMG Eurocentar, Vias, Sarajevska pivara /Sarajevo Brewery/, Fabrika duhana Sarajevo /Tobacco Factory Sarajevo/, Feroelektro, etc.

Our common project will directly help 6.500 children who lost one or both parents during the war. At first sight, this may seem as merely a drop in a sea of problems, but without this drop life would be much harder for these children. Join us and help us in healing the wounds and preparing these young people for a normal life, full of human dignity.

Enisa Rustempašić
Director of the Foundation "IKRE"

YAYIN SORUMLUSUNDAN

Saraybosna Kantonu Şehit Asker ve Sivillerin Çocuklarına Burs verme ve Eğitim Fonu "İKRE", gerçekleştirdiği projeler çerçevesinde, Saraybosna'daki savaşı, savaş boyunca resimlendiren ve halen Frankfurt European Press Agency'de çalışan ünlü fotoğrafçı Fehim Demir'in fotoğraflarının yer aldığı "İŞTE SARAYBOSNA" adı altında foto-monografi kitabının basılmasına karar verdi. Ne ilginçtir ki, İkinci Dünya Savaşı'ndan bu yana, Bosna Hersek'te ilk kez bir fotoğrafçının fotoğraflarının oluşturduğu foto-monografi kitabı yayınlanıyor. Dolayısıyla bu projede emeği geçen herkese şükranlarımızı sunuyoruz.

Ülkede ve yurtdışında bu monografinin tanıtımında, en fazla yayınlanma olan fotoğrafların sergisi de açılacak. Bu da multimedyatik sanat eserinin bir parçası olacak.

Bu foto-monografinin Bosna Hersek'te basılmış olduğunu belirtmekten gurur duyduğumuzun altını çiziyoruz. Her ne kadar ülke yakılıp yıkıldıysa da, en kısa zamanda dostlarcımızın yardımıyla ayağa kalkacağımıza inanıyoruz.

"İKRE" Fonu adına, bu çalışmada ve diğer projelerde gösterdikleri katkılardan dolayı İPAB-Viçenze, A.N.S.D.I.P.P. Piavo di Sacco, ASİS-Viçenze, Bosna Hersek'e Yardım için Vatandaş Komitesi - Roma /İtalya/, Hanımlar Eğitim ve Kültür Vakfı, Birlik Vakfı, Çocuk Vakfı /Türkiye/, Çocuk Hastanesi "dr. Haider Zaman" /Pakistan/, Plav-Gusinye Camii Cemaati /ABD/, değerli insanlar: Saffet Altın, dr. Seat Kirliç, Tarık Recaoğlu, Türkiye'deki "İKRE" Fonu temsilcimiz Aida Öztürk, İlyas Rustempaşiç, Mehmet Fatih Kulluköğlu (ABD), ülkemizdeki yardımseverler: Fotooptik, Energoinjenyering, AMG Eurocentar, VIAS, Sarajevska pivara (Saraybosna Bira Farikası), Fabrika duhana Sarajevo (Saraybosna Tütün Fabrikası), Feroelektro ve daha birçoklarına teşekkürü bir borç biliriz.

Bisim ortaklaşa gerçekleştirdiğimiz bu projeyle Bosna'daki savaşta, ebeveynlerinden bir veya ikisini kaybetmiş, himayemizdeki 6500 çocuktan sadece bir kısmı yardım görebilecek. Belki bu yardım bir problemler denizinde küçük bir ümit ışığı olabilir, ancak bu ışık da olmasa, bu mağdur insanların hayatı daha da güçleşecek. O bakımdan el birliğiyle yaralarını saralım ve insana yakışır, normal bir hayata kavuşabilmeleri için yardım edelim.

"İKRE" Fonu Müdürü
Enisa Rüstempaşiç

كلمة الناشر

ضمن نشاطاته اليومية للرسومة اختار الصندوق الإقليمي لتقديم المنح الدراسية لأولاد الشهداء وضحايا الحرب من المدنيين "إقرأ". اختار تحقيق مشروع مونوغرافية مصورة بعنوان "هذه هي سرايفو" لمؤلفها السيد فهيم دمير وهو مصور صحفي بارز في European Pres Agency من فرانكفورت وقد قضى الحرب كلها في سرايفو وهو يصور، والجدير بالذكر أن هذه أول مونوغرافية مصورة معمولة في البوسنة والهرسك بعد الحرب العالمية الثانية. ولذا نعبر عن شكرنا الجزيل لكل من ساعدنا على تحقيقها

عند تقديم المونوغرافية للجماهير في الداخل والخارج سيقام أيضا معرض لجزء أكبر من الصور المنشورة وبذلك ستصبح هذه المنجزات النادرة جزءا من العمل الفني المتعدد الصيغة.

يسرنا أن نبرز أن هذه المونوغرافية مطبوعة في البوسنة والهرسك، الأمر الذي يؤكد على أن البلاد المدمرة بالحرب بإستطاعتها أن تستجم بعون الأصدقاء والمتبرعين وتصبح في مدة قصيرة قادرة على الإنتاج المستقل.

ولتحقيق هذا المشروع وكذلك سلسلة من المشاريع الأخرى يقدم الصندوق "اقرأ" شكره الخاص لكل من IPAB - Vicenza و A.N.S.D.I.P.P من Pivao di وASIS - Vicenza و Sacco ولجنة المواطنين لمساعدة البوسنة والهرسك من روما (كلها من إيطاليا). ثم -Ha Birlik و nimlar Egitim ve kultur Vakfi Vakfi و Kucuk Vakfi (كلها من تركيا). ثم المستشفى للأطفال Dr. Haider Zaman من باكستان، ثم جماعة المسجد Plav - Gusinje من الولايات المتحدة، ثم الأفراد الكرام الأفاضل من أمثال صفوت آلتين والدكتور سعد كيرليتش وطارق رجاوغلو وعايدة اوزتورك – الممثل الرسمي للصندوق "اقرأ" في تركيا واليأس رستمباشيتش ومحمد فاتح كلوكوغلو من الولايات المتحدة، ثم المتبرعين من داخل البلاد من أمثال Fotooptik و Energoinzenjering و Euro AMG centar وVIAS و Sarajevska pivara و Fabrika والخ.Feroelektro و duhana Sarajevo

هذا مشروع مشترك لنا سيحصل منه على المساعدة المباشرة جزء من ١.٥٠٠ طفل ممن فقدوا في الحرب في البوسنة والهرسك أحد والديهم أو كليهما إنها تبدو قطرة في كوب الحياة لكن حياة ضحايا الحرب كانت أسوأ بكثير لو لا تلك القطرة. ولسم هذه الحقيقة ندعوكم إلى أن تنضموا إلينا وتشاركونا في مساعدتهم كي يشفوا جروحهم ويستعدوا للحياة بشكل طبيعي جدير بالإنسان.

أنيسة رستمبئشيتش
مديرة الصندوق "اقرأ"

TO JE
THIS IS
IŞTE SARAYEVO
سرايفو هذه هي

SARAJEVO

 ## TO JE SARAJEVO

U srcu Bosne nikao je grad. Prvo su ga zvali Saraj, što znači dvor. A kada je prerastao u šeher, što na turskom opet znači veliki grad, trgovački i kulturni centar, dobio je današnje ime Sarajevo. To je šeher nastao u polju oko dvora (Saray ovasi). Zato je Sarajevo, takoreći preko noći, izraslo u grad koji se u svim svojim urbanim dimenzijama mogao porediti sa najznačajnijim centrima Osmanske carevine i susjedne Europe.

Sarajevo je grad koji je vijekovima bio otvoren prema svijetu. U doticaju i razgovoru sa svijetom dolazilo je i do predaha i do klonuća, i do beznađa, ali njegov smisao nikada nije bio zaturen ili zaboravljen na tlu ovog grada. On je mogao uvijek iznova da otpočne, jer je imao postojano tlo pod nogama. Svoj dolazak i boravak u njemu mnogi radoznali i razboriti ljudi platili su skupo - preživljavali su svoju nostalgiju za Sarajevom kao tešku i neizlječivu bolest. Otvorenost Sarajeva podsjetila ih je na mnoge gradove a od kojih se ono na neizreciv način ipak odvaja i razlikuje. Otvorenost prema svijetu, njegovim nemirima i iskustvima, bila je razlog njegova bogatstva.

Historija Sarajeva još uvijek je nečitka i tmasta, pregusta, surova poput života na kome počiva i o kome na svoj način nastoji da govori, pa će možda takva za sva vremena i ostati, ali ono što je nadilazi, i što ovaj grad čini svakim danom sve više gradom za čovjeka sadržano je u njegovom duhovnom podneblju, u ravnomjernim odsjevima trajanja i prolaznosti, u tragovima vremena koje gradi i razgrađuje u isti mah, u vijekovima koji su bili ispunjeni prisnim dodirom svakodnevnog i uzvišenog. (H. Tahmiščić)

Ipak, u pogledu unatrag, na putu kroz historiju treba poći od prvih saznanja o Bosni, državi koja mu je namijenila sudbinu glavnog grada, središta duhovnosti i općeg privrednog prosperiteta.

Prvi pisani izvori koji pominju zemlju, rijeku i državu Bosnu, prvo u formi Bosena, a potom i njene stanovnike koji se nazivaju Bošnjani, jesu djela bizantijskog cara Konstantina Porfirogenita "De administrando imperio", zatim "Kronika popa Dukljanina", te "Franačka kronika". Mada ovi izvori neposredno govore o desetom stoljeću i vremenu nakon njega, ipak, oni jasno svjedoče da je na ovim prostorima i ranije bila država koja je imala izgrađene odnose sa susjedima, trgovinsku razmjenu i uzajamno uvažavanje. Tako se na osnovu rečenih dokumenata može zasigurno tvrditi da je država Bosna postojala još u devetom stoljeću. Obuhvatala je krajeve koji su se prostirali od Sarajevskog polja do klisure Vranduk, i slijedom prirodnog širenja kroz vijekove stigla je da pod okrilje primi Usoru i Soli, tj. šira područja oko sadašnjih gradova Tuzle, Doboja, Teslića i Tešnja, te dalje u pravcu sjeverozapada i juga, kao i istoka da bi se u kasnijem periodu širila prema Donjim krajima i Tropolju ili Završju, odnosno sadašnjoj Bosanskoj krajini, te Livnu, Glamoču i Duvnu. Iako još nije odgonetnuto kako je zapravo nastalo ime Bosna, da li je rijeka Bosna dala ime zemlji Bosni, ili je zemlja Bosna dala ime istoimenoj rijeci ili je neko slovensko pleme, doselivši se na taj prostor dalo ime i zemlji i rijeci, pa zatim državi, koju je na zemlji oko te rijeke stvorilo, ili je neka uraloaltajska riječ

postala domaća riječ od najvećeg značaja, u povijesti ostaje zasvjedočeno ime Bosna kao ime za jednu rijeku, za jednu zemlju, koja je oko te rijeke formirana i za jednu istoimenu državu, još od devetog stoljeća naše ere. Značajno je da se, od tada do danas, ova tri imena nisu promijenila, osim što su zemlja i država dale ime narodu koji u njoj živi i koji se počeo nazivati Bošnjani, da bi se kasnije imenovao Bošnjaci ili Bosanci. Bili su to od početka ljudi istog identiteta, a različitih vjera, koje je ujedinjavala ista sudbina, zajednički prostor i borba za opstanak. (akademik M. Filipović)

Teritorij današanje države Bosne i Hercegovine, koja je od 1. marta 1992. godine proglasila svoju neovisnost, na osnovu rezultata referenduma svih njenih građana, a od 6. aprila iste godine postala univerzalno priznata kao suverena, neovisna i teritorijalno integralna, u njenim povijesnim, priznatim granicama, država i članica Ujedinjenih nacija, povijesni je rezultat dugog teritorijalnog, političkog i državno-pravnog razvoja i oblikovanja Bosne od početka VIII stoljeća naše ere sve do danas. Zanimljivo je da je Bosna u vrijeme prvog bosanskog kralja Tvrtka I Kotromanića (1353-1391) postigla najveći uspon te je obuhvatala područja od rijeke Ibra i Morave na istoku, do Jadranskog mora na zapadu, od rijeke Save i Krke na sjeveru, do Lima i Trebišnjice na jugu. S jugozapada, Bosna je graničila sa Jadranskim morem i to od Zadra i Šibenika u Hrvatskom primorju, do Kotora u Boki kotorskoj. U to vrijeme bila je to teritorijalno najveća, vojnički najjača balkanska država i jedna od najrasprostranjenijih koju su ikada stvorili Južni Sloveni. Kasnije se njen teritorij nešto smanjio i konačno se sedimentirao na sadašnje dimenzije. Bilo je to krajem XVII stoljeća, poslije Velikog bečkog rata /1684-1699./, vođenog između Austrije, zapravo između katoličke Svete alijanse i velikog Osmanskog carstva, kada su potpisivanjem mira 1699. godine u Sremskim Karlovcima fiksirane i međunarodno priznate granice Bosne, koje su identične sa sadašnjim njenim granicama. Te iste granice još jednom su potvrđene od strane evropskih sila, tokom Berlinskog kongresa 1878. godine. Tada su evropske sile priznale neovisnost i Srbije i Crne Gore, a Bosna dobila državne granice prema ovim zemljama, s tim što je ostala otvorena granica prema Sandžaku koji se kao i Bosna i dalje smatrao dijelom Turskog carstva. Za sve to vrijeme Sarajevo je bilo politički, kulturni i privredni centar zemlje.

Na teritoriji sadašnjeg Sarajeva nalazila su se dva stara utvrđenja: Hodidjed i Vrhbosna, ali po svoj prilici grad je nastao na Trgovištu gdje su se sretali i zaustavljali karavani koji su išli od mora ka Panonskoj niziji, Sandžaku, Makedoniji i dalje prema Carigradu. Tragovi starih civilizacija nađeni su na više mjesta u sarajevskoj kotlini, predjelima Debelo brdo i Kotorsko, potom je šire područje kroz historiju poznato kao Iliricum jer ga naseljavaju i brojna ilirska plemena, da bi dolaskom Rimljana ovi prostori bili krajem prvog stoljeća pripojeni rimskoj provinciji Dalmatiae. O životu Rimljana najupečatljivije govore arheološki ostaci njihove mineralne banje na Ilidži, zvane terme i naselja pored rijeka Bosne i Željeznice. Ovim prostorima prije ili kasnije prohujali su i Goti, Kelti, Avari, a na koncu stigli su i Sloveni... Tada je Balkan pripadao Istočnom Rimskom carstvu -

Vizantiji čiju će vrhovnu vlast priznati i novodoseljeni Sloveni.

Kada je sultan Mehmed II El Fatih u ljeto 1463. godine osvojio Bosnu i uspostavio svoju upravu, za sjedište Sandžaka Bosna odredio je staro utvrđenje - grad Vrhbosnu.

Odmah potom u ove krajeve stigao je čuveni osmanski vojskovođa Isa-beg Ishaković /sa prekidima boravio od 1440 do1470/ koji je 1457. godine podigao džamiju s drvenom munarom i u počast slavnom El Fatihu prozvao je Carevom džamijom /Hunkjar džami/, do džamije sagradio banju, vodovod, preko Miljacke most /Carevu ćupriju/, a malo podalje veliki han Kolobaru i do njega bezistan i dućane, na Brodcu kraj Bembaše musafirhanu /konačište/ i tekiju, a niže njih devet mlinova na Miljacki. Iznad svih ovih gradnji podigao je saraj-konak, po kome je grad dobio ime a on bio upisan u historiju kao osnivač Sarajeva.

Od prvog sandžak bega Minetbegovića, i nasljednika mu Isa-bega u Bosni se smijenilo 13 vladara. Kada je na vlast stigao posljednji sandžak-beg i prvi gradonačelnik Sarajeva Gazi Kučuk Bali-beg Jahjapašić, koji je 1521. godine za vrijeme svog kratkog boravka u Saraju sagradio ljetnikovac, džamiju, čifte-hamam /dvostruku banju/ i most na bistričkom potoku, grad je već počeo izrastati u šeher o kome se uveliko pričalo diljem Osmanske carevine.

Ipak, najsjajniji period uspona Sarajevo će doživjeti za vrijeme Gazi Husrev-bega. Nakon osvajanja Beograda 1521. godine, sultan Sulejman II Veličanstveni pristao je da se Gazi Kučuk Bali-beg zamjeni sa svojim tetićem Gazi Husrev-begom za namjesništvo u Smederevskom sandžaku . Oni su bili sinovi sestara sultana Selima I Surovog i unuci sultana Bajezida II. Tako je Gazi Husrev-beg stigao u Sarajevo i ostao u njemu sve do smrti 1541. godine kada je ukopan u turbetu kraj svoje džamije. Bio je veliki vojskovođa, osvojio je mnoge gradove i stigao sa sultanom Sulejmanom II do Beča. Za sve to vrijeme, u predahu vojni, gradio je i obilazio zadužbine po Sarajevu. Podigao je nadaleko čuvenu Begovu džamiju /1530./ kojoj neće biti ravne na Balkanu, kraj nje dva turbeta, za sebe i svog najboljeg prijatelja Murat-bega Tardića, šadrvan u haremu džamije, mekteb, Kuršumli medresu, također vodeću na Balkanu, hanikah /vrsta tekije/, imaret i musafirhanu, sahat-kulu i muvekithanu, bezistan, Tašlihan, i druge hanove, čifte banju, vodovod i česme, kutubhanu /biblioteku/ sa 2000 naslova, bolnicu, dvorac i oko 250 dućana za potporu i održavanje svojih zadužbina. Od tada Sarajevu dugo vremena nema nadaleko ravnog grada.

Grad se razvijao u svim segmentima, privrednom, trgovinskom, prosvjetnom, kulturnom, sportskom i rekreativnom. Sagrađene su na Miljacki brojne kamene ćuprije koje su ostale u funkciji do današnjih dana. Uporedo sa prekrasnim džamijama, njih više od stotinu, i drugim institucijama koje su podigli utemeljitelji Sarajeva, izgrađene su za vrijeme vladavine muslimana, velika Sinodalna pravoslavna crkva, zatim Stara pravoslavna crkva, Katedralna katolička crkva, Crkva sv. Ante, te Velika sinagoga i Stari hram u Sijavuš-pašinoj dairi. Time je Sarajevo, uz Jerusalim, postalo jedini grad na svijetu gdje se moglo zorno vidjeti šta znače vjerska tolerancija i razumijevanje.

Od samog nastanka grad Sarajevo je bio veliki i prosperitetni trgovački, znanstveni i kulturni centar. Opisali su ga brojni putopisci i putnici Osmanlije, Venecijanci, Francuzi, Nijemci, Dubrovčani...

"Tako sjajnog grada, tako velikog grada, punog trgovina, bazara i magacina, tako velelijepnog i moćnog grada, nema na cijelom putu od Mletaka do Stambola" - samo je jedna od impresija zabilježenih o šeher Sarajevu.

I zaista, Sarajevo je, kako reče jedan putopisac, "grad u kome su se sreli Istok i Zapad", imalo svoje blistave, ali i teške trenutke koji su odnijeli brojne ljudske živote i uništili materijalno bogatstvo. Desetak velikih požara od 1697. do 1879. godine progutali su pojedine dijelove Baščaršije. Harale su epidemije teških bolesti i punile mezarja. Ipak, živote su najviše odnosili ratovi u otporu agresorima. Najveću pustoš napravio je 1697. godine princ Eugen Savojski koji je popalio i poharao grad, odveo mnogobrojno roblje i pobjegao preko Save. U otporu austrougraskim askerima izginuo je cvijet sarajevskog begovskog plemstva, dok su mnogi potražili spas u Turskoj.

Atentatorskim činom Gavrila Principa iz Livanjskog polja, učenika i pripadnika terorističke organizacije "Mlada Bosna", ugašeni su 28.06.-1914. godine životi prijestolonasljednika Austro-Ugarskog carstva Franje Ferdinanda i žene mu Sofije koja je bila u poodmaklom stadiju trudnoće. Ovim gnusnim činom, što je za Srbe bilo herojstvo, Sarajevo će ući u historiju terorizma a sam atentat biti neposredan povod Prvom svjetskom ratu. U vrijeme Kraljevine Jugoslavije /1918-1941/ razvoj grada stagnira a duhovnost i kultura preživljavaju teške trenutke. Drugi svjetski rat odnijet će više od 12 hiljada života, od kojih najviše Jevreja. Vrijeme komunističke Jugoslavije donekle će zacijeliti ratne rane i znatno ubrzati razvoj grada, ali će odlazak komunista sa političke scene donijeti kataklizmu nezamislivih razmjera. Na dan međunarodonog priznanja Bosne i Hercegovine kao samostalne i nezavisne države i dan oslobođenja Sarajeva, 06. 04. 1992. godine, otpočela je otvorena agresija JNA i srpsko-crnogorskih paravojnih formacija potpomognutih domaćim četnicima na netom priznatu državu. Krvavi obruč od stotina tenkova i artiljerijskih cijevi uputio je na grad milione projektila. Po glavi stanovnika palo je više od deset kg smrtonosne metalne supstance. Na udaru su bile posebno škole, bolnice, obdaništa... Sijanjem straha i ubijanjem civila u redovima za hljeb i vodu agresor je namjeravao natjerati branioce na predaju ili prihvatanje podjele grada. Za nepune četiri godine agresije život je izgubilo 11.768 stanovnika grada, od kojih su 1.788 bila djeca. Ostalo je nekoliko desetina hiljada lakših i težih invalida, hiljade devastiranih stanova, privrednih objekata, obrazovnih i drugih institucija, povijesnih i kulturnih spomenika... U egzilu se našlo oko 150 hiljada Sarajlija.

Grad je bio u totalnoj blokadi i opsadi 1.365 dana. Bilo je to nezapamćeno mučenje civila glađu i žeđu, nezabilježeno u novijoj svjetskoj historiji. Život je ulazio na slamku tunelom ispod aerodroma koji su čuvale međunarodne snage i putem humanitarne pomoći nedovoljne za preživljavanje jedne sedmice. Zlikovci su se trudili svim silama da pokažu da mrze ovaj grad, da žele ubiti i uništiti sve što se po njemu kreće, pucali su na tramvaje, autobuse, bicikliste, pješake, kućne ljubimce... Takvi izljevi mržnje najviše podsjećaju na isticanje lave iz užarenih vulkana koja pred sobom zatire sve na što naiđe. Tek potpisivanjem Dejtonskog sporazuma krajem 1995. godine stvoreni su uvjeti za dizanje opsade grada i vraćanje slobode njenim građanima. O načinjenom genocidu, urbicidu, strahotama gladi i preživljavanja govori i ova monografija nastala objektivom Fehima Demira, koji je 1992. i 1996. godine proglašen fotoreporterom godine u Bosni i Hercegovini. Njegovi fotosi u bezbroj navrata bili su na naslovnim stranicama najuglednijih svjetskih listova i žurnala.

Danas, Sarajevo polahko zacjeljuje rane. Solidarnošću prijatelja iz cijelog svijeta. U gradu je već otvoreno 20-tak ambasada, obnovljen je i osposobljen tramvajski, trolejbuski, željeznički i poštanski saobraćaj. U funkciji je i aerodrom Butmir čijom rekonstrukcijom će uskoro biti stvoreni uvjeti za prihvat najmodernijih letjelica.

I kada sa jednog od visova bacite pogled na Sarajevo, vidjet ćete grad kao pticu feniks, kako se rađa i niče iz pepela, nesalomljiv, neuništiv, slobodan grad.

I zato se mnogima često javi slika njemačkog oficira iz filma "Valter brani Sarajevo" koji pita:

- Ko je Valter?

A upitani, pokazujući na Sarajevo, brže odgovara:

- To je Valter!

Poslije svih kuga, svilenih carskih gajtana i atentata, opsada i granata, gledajući kako u dolini buja život slobodno možete reći:

Da, TO JE GRAD.

Žilav, jedinstven, vječan i uvijek nov.

TO JE SARAJEVO.

Hasib Čaušević, prof hist.
U Sarajevu, 10.10.1997. godine

In the heart of Bosnian state spur up a city. At first, it was simply called Saraj, meaning a castle. Once it expanded to the proportions of a sheher-Turkish for a great city, which is also a commerce and a cultural center-the city was given its actual name-Sarajevo. It was built at the field surrounding the castle (Saraj ovasi). In no time, the city had emerged as splendid and great as any other city of the Ottoman Empire, so magnificent that it could easily match any of the neighboring European cities.

For centuries, Sarajevo has welcomed everyone with its arms open wide. During the city's long history of connection and communication with the rest of the world, it has experianced troublesome times of exhaustion and despair. Fortunately, the spirit of Sarajevo was never shaken, it was not once lost or forgotten, but has always remained deeply rooted into this city's ground. The immense force of its spirit has emerged to the surface, allowing the city to be reborn, times and times again. Having witnessed such intensity even once, one is bound to thereupon suffer from an everlasting and incurrable nostalgia. The openness and love of world ever present in the city, would leave its visitors in awe, striking them with a realization that they just experianced a bliss of yet unmatched hospitality. The ease which Sarajevo welcomed people, peacefully and without a judgment, but undermining their flaws and discords, enriched this city like no other in the world.

The long and complex history of Sarajevo is yet to be fully unveiled. Cruel as life itself upon which it is based and which it communicates, the city's history, may forever remain hidden to the ordinary mind. However, the everlasting spirit of this city, imbued with the equal dose of continuity and brevity of life, transcends its historical aspect. With each new day, Sarajevo further masters its art of hospitality and exceeds its role of a people's city from the previous day. Sarajevo has brought into centuries-long contact the elements of the ordinary and the divine and has witnessed the changes of time, which both, builds and destroys. (H. Tahmiscic).

During our journey back into the history of Sarajevo, we first ought to take a look at the Bosnian State, which bestowed upon the city the role of its capital, and the faith of a spiritual center and the center of commercial prosperity.

The first written sources which document the existence of the land, river and country of Bosnia, primarily Bosena, and its people-Bosnians-are the works of the Byzant Emperor Constantin Porfirogenit-"De administrando imperio", then "The Chronicle of Pope Dukljan" and "The Franconian Chronicle". Although these sources directly portray the situation registered in the tenth century and on, they do however, testify about an even earlier existence of the Bosnian State, as a politically independant and comercially established unit in its relations with the neighboring states of the time. Thus, based upon the previously mentioned sources we may conclude that the Bosnian State dates back to the nineth century. Bosnia, as a state covered territories from the Sarajevo Field to the ravine of Vranduk, and had, over the centuries, naturally expanded over areas of Usora and Soli, that is to say to the broader regions of today's urban centers of Tuzla, Doboj, Teslic, and Tesanj. Furthermore, the territory of the Bosnian State expanded in all directions-Northwest, South and East of Bosnia. Finally, its territory encompassed the areas towards Donji kraji and Trpolje (Zavrsje), that is to say the area of today's Bosanska Krajina, and the areas around the towns of Livno, Glamoc and Duvno. The origin of the name "Bosnia" has not yet been fully exposed. It is rather uncertain if the land of Bosnia was named after the river Bosnia, or the other way around, or if the name originated from a respectable Uralo-Altaic word, or even if both,

the river and the land, were given their name by a Slav tribe who initially migrated to the area and eventually formed the country under the same name. In any case, history bears an irrefutable testimony to the existence of all three entities-the river, the land and the country-bearing the same name "Bosnia", eversince the nineth century A.D.. Throughout the centuries to come, Bosnia has managed to preserve the continuity of its historical, geopolitical and national name. Moreover, this name granted the authentic identity to the Bosnian inhabitants-Bosnjani, Bosnjaci, and Bosanci (Bosnians). These people have, through the centuries, maintained a Bosnian consciousness and pride regardless of creed or ethnic background, for they have been mutually intertwined by their common fate, land and common struggle for survival. (Academician M. Filipovic)

The territorial integrity of the Bosnian country was to be further preserved by the referendum of all citizens on Bosnia and Herzegovina's independence, held on 29th of February and 1st of March 1992.

As a direct result of this referendum, Bosnia proclaimed its independance on March 1st, 1992. On April 6th, 1992, Republic of Bosnia and Herzegovina is universally recognized as a sovereign, independent and autonomous state within its historical borders; and on May 21, it is admitted into the United Nations membership. Such course of events has been made possible thanks to the centuries-long process of territorial, political, and administrative progress of Bosnia, which dates back to the beginning of the eight century A.D. and continues to this day.

During the reign of the first Bosnian King-Tvrtko I Kotromanic (1353-1391)-the country reached the climax of its political and territorial power. During this particular time period, Bosnia covered the territories from the rivers Ibar and Morava in the East, to the Adriatic Sea in the West, and from the rivers Sava and Krka in the North, to Lim and Trebisnjica rivers in the South. In the Southwest, the country reached the Adriatic Sea-from the cities of Zadar and Sibenik on the Croatian coast, and to Kotor in Boka Kotorska. At the time, this had been the greatest, and militarily the strongest, Balkan state and one of the greatest states ever formed by the South Slavs. Over the centuries, the territories and borders of Bosnia and Herzegovina had suffered considerable changes, and had gradually reached their current proportions, following the Viennese war in the end of the seventeenth century (1684-1699), led between the Holy Alliance (Austria, Poland, Venice and Russia) and the Ottoman Empire. In order to end the fifteen years-long period of war, a peace treaty was signed in Sremski Karlovci, in 1699, by which the borders of Bosnia were defined (identical to the current borders), and internationally recognized. These borders were once again confirmed by the great European powers through the decisions of the Berlin Congress held in 1878. At the time Serbia and Montenegro were granted their independence, and Bosnian borders were established with the two newly recongized states, except with the region of Sanjak which remained, along with the Bosnian State, under the Ottoman rule. During this entire time period, Sarajevo has always remained the political, cultural and commercial center of the country.

Although, back in the day, at the territory of today's Sarajevo, there existed two fortifications: Hodidjed and Vrhbosna, most likely the city was built upon the Marketplace-the cross road of caravans, coming form the Adriatic and heading toward the Panonia, Sanjak, Macedonia and eventually toward the Konstantinople. Traces of ancient civilizations are evident throughout the valley of Sarajevo, at the regions of Debelo Brdo and Kotorsko. During its early existence, the broader area of Sarajevo, was known as Illiricum due to the Illyrian tribes which inhabited the region. With the Roman conquering of this part of the Balkan Peninsula, the area had become a part of the great Roman Empire and was placed under the rule of the Roman Province of Dalmatiae. The greatest testimony of the Roman existence at this region, are the traces of the Roman civilizations preserved to this day, i.e. the resort with mineral springs at Ilidža (peripheral region of today's Sarajevo) and settlements along the rivers Bosnia and Zeljeznica. The central region of the Balkans, was at one time or another, frequented by the Goths, Celts, Avars, and eventually was settled by Slavs. At the time of the Slavic colonization, the Balkan area was under the domination of the Eastern Roman Empire-Byzantium.

In the summer of 1463, the Ottoman Army, led by the sultan Mehmed II El Fatih, conquered the Bosnian State, and established the administrative rule of the Bosnian Sanjak with its headquarters at the main fortification-the town of Vrhbosna.

Shortly thereafter, the prominent Ottoman army commander and the patron of the city of Sarajevo-Isa-beg Ishakovic-arrived to the region of Bosnian Sanjak, where he lived from 1440 to 1470, apart from periodical leaves. In 1457, Ishakovic had built a mosque with a wooden munaret* in the honor of the glorious sultan El Fatih and named it "Hunkjar dzami"-(the Emperor's mosque). Next to the mosque he had built a sanatorium, a water-system, a brigde across Miljacka "Careva cuprija"-(Emperor's brigde). Morover, Ishakovic enriched the city for the centuries to come, by building the Great Han Kolobara (large tavern for travellers and caravans), a Bezistan (a Middle-Eastern open market), numerous shops, a musafirhanu (an inn) at Brodac near Bembasa, a tekija (a muslim convent), and nine water mills at Miljacka. With the construction of saraj-konak (emperor's palace), Sarajevo was given its name, and on that account Ishakovic had been documented as the founder of Sarajevo.

Following the reign of the first Sanjak beg (ruler of an Ottoman province)-Minetbegovic-and his successor Isa-Beg, Bosnia had been ruled by a series of thirteen begs (rulers). The reign of the last Sanjak beg-Gazi Kucuk Bali-Beg Jahjapasic-who had also been the first mayor of the city, saw the start of a period of economic progress and flourishing of cultural life of Sarajevo. In 1521, during his short stay in Saraj, Bali-beg had built a summer house, a mosque, "cifte-hamam" (two level sanatorium) and a bridge over the brook of Bistrik. With the newest architectural and cultural progress, Sarajevo had finally reached the proportions of a sheher of prestigious prominence, known in the entire Ottoman Empire.

After the Ottoman army seized the city of Belgrade in 1521, Sultan Sulaiman the Magnificent had agreed that Gazi Kucuk-beg and his first cousin Husrev-beg* be allowed to exchange their Sanjaks-Bosnian and the Sanjak of Smederevo. *the two begs had been the nephews of sultan Selim I the Brute, and the grandsons of sultan Bajezid II. During the reign of Gazi Husrev-Beg, Sarajevo had experianced the most glorious era of its overall progress. Gazi Husrev-beg remained in Sarajevo until his death in 1541, whereupon he was burried in turbe (Tur. for Muslim grave site and tombstone) at his mosque's garden, in Sarajevo. Gazi Husrev-beg had been one of the greatest Ottoman army leaders in history. Along with the sultan Sulaiman II in a military action, Husrev-beg reached the city of Vienna. During his time off from the military, Husrev-beg had enjoyed his role of a great patron and benefactor of the city of Sarajevo. In 1530, he had built the dominant Beg's mosque and had built, in its garden, two turbes, one for himself and the other for his greatest companion-Murat-beg Tardic. Furthermore, Gazi Husrev-beg, enriched the city of Sarajevo by building all of the following objects and institutions: a shadrvan (), a mekteb (), the dominant Kurshumli medresa (), hanikah (), imaret () and musafirhana (), sahat-kula (Clock tower) and muvekithana (), bezistan (), Tashlihan, and other hans (), cifte banja (), water-system and drinking fountains, kutubhana (a library) with some two thousand works, a hospital, palace court and some two hunder and fifty stores whose profits, he endowed to the city for upkeep of his establishment. Eversince, Sarajevo has been a city of unequalled splendor and beauty.

The city has, over the centuries, grown in all aspects-commercial, educational, cultural, as well as sports' and recreational aspect. At the river Miljacka numerous stone bridges had been built, which have, more importantly been preserved to this day and are still in function. Next to over a hundred splendid mosques and other institutions, which had been built by the patrons of the city, the time period of the Ottoman rule had saw the building of the Great Orthodox church, the Old Orthodox church, Catholic Cathedral, the Church of Saint Antonio, the Great Synagog and Old Temple (located at the Sijavs-Pasinoj dairi). Consequently, Sarajevo had become the only city in the world, next to Jerusalem, where the existance of religious tolerance and understanding was clearly evident.

Eversince, its earliest years Sarajevo has been a highly prosperous trade, scientific and cultural center, which has had an influence upon the writing of many great writters-Ottomans, Venecians, French, Germans, Dubrovnians...

The following quote is only one of numerous impressions recorded over the centuries and which testify about Sarajevo's unique beauty: "There is no city in all of Mlets' country to Istambul, which is so majestic and powerful, enriched with numerous trade shops, bazars and warehouses."

Numerous domestic and foreign writters and poets have composed odes dedicated to the beauty and glory of Sarajevo.

Another writer had once stated how Sarajevo was the meeting point of the East and the West. Over the centuries, this marvelous city has had its moments of glory but has, unfortunately, experienced some tragic time periods, as well. For instance, ten great fires since the 1697 to 1879, have severely damaged parts of the old city-Bascarsija. Moreover, epidemics of various diseases have raged through the city, leaving numerous victims behind. Still, the greatest number of lives has been lost due to the wars against different invaders and agressors. The greatest destruction of the city took place in 1697, when Princ Eugene Savojski invaded the city and set it to fire, taking with him a large number of inhabitants as his slaves and fleeing across the river Sava. During the tumultous times of resistance against the Austro-Hungarian army, the youth of the Sarajevan nobility had lost their lives, while many other had seeked refuge in Turkey. On the 28th of June, 1914, a student from Livanjsko Polje belonging to the terrorist organization "Mlada Bosna" (Young Bosnia)-Gavrilo Princip-had assasinated the Austro-Hungarian Archduke Franz Ferdinand and his wife Sofia, who had been far along in her pregnancy. On the account of this gruosome act, which had for Serbs been a heroic one, Sarajevo had been historically noted for terrorist activity since the assasination had ensued World War I. During the times when Sarajevo was a part of the Kingdom of Yugoslavia (1918-1941), the city's progress came to a stop, while its spiritual and cultural progress had experienced troublesome times. World War II had taken a death toll of over twelve thousand lives, and had mostly affected the Jewish population of the city. The rule of communism had re-established the progress of the city and had somewhat healed the wounds left over from WWII. However, the overall decadence of communist rule and their complete disappearance from the political scene, had brought about a great cataclysm for the Bosnian state and its capital. On April 6th 1992, Bosnia and Herzegovina was internationally recognized as a sovereign, independent, and autonomous state. Ironically, on this date which had also symbolized the freeing of Sarajevo in WWII, Serbs' paramilitary units, under protection of Serbian and Montenegro government and JNA (Yugoslavian National Army), had started an open agression on the newly recognized state, aided by the local Chetniks. The city of Sarajevo was besieged with over one hundred tanks and artillery guns which had fired millions of deadly missiles on the city's streets. During the siege, an average of ten kilos of deadly substance per an inhabitant was fired. City's hospitals, schools, kindergardens and other civilan institutions had been under amassive attack. The agressor had directed its deadly missles towards the innocent civilan population of the city, while they were in lines for bread and water. The intention was to conquer the city by forcing its inhabitants to surrender or to at least to agree to divide Sarajevo. During the four years of agression, 11.768 inhabitants of Sarajevo had lost their lives. 1.788 were children.

The siege of Sarajevo had lasted 1.365 days and it had presented a yet unseen torture of civilans, in a form of starvation and mutilation, during the.recent history. The food and supplies were delivered to the city through a tunnel, dug out underneath the Sarajevo airport, which was guarded by the international community. The humanitairian aid had also brought into the city limited amount of supplies which, unfortunatley, were not sufficient to feed the city's population for a week long period of time. The agressor had used all its means and military power to demonstrate the extent of hatred they bore for this city. They aimed to destory everything in sight and their razing actions reminded of a volcano eruption and lava which destroys everything it touches. With the signing of Dayton Agreement in the end of 1995, the siege of Sarajevo was broken and the people within the city were given back their freedom after almost four years long period of isolation. The genocide, urbicid, the horrors of famine and minimal conditions for human survival are evident thorugh this monography created by Fehim Demir. Demir was selected to recieve the award of Photoreporter of the Year, in Bosnia in 1992 and 1996. His photo documentation of the besieged Sarajevo has been published on the cover pages of some of the most prestigious and prominent news magazines and journals in the world.

Today, Sarajevo is slowly but surely healing its wounds once agian with the solidarity and help from around the world. Some twenty embassies have been established in the Bosnian capital, its means of public transportation-trams, trolley buses and trains-have been reconstructed, as well as its means of communication with the outside world. Furthermore, the "Butmir" airport has also been modernly equiped so that it may receive the modern high tech aircrafts.

Finally, once you look down at the city of Sarajevo from one of its surrounding hills, you will see a city as a phoenix bird, as it comes back to life out of its own ashes, reborn-strong as ever before, indistructable, and most importantly FREE.

At that particular moment you may recall the scene from a movie "Walter defending Sarajevo" in which a German officer asks:

-"Who is Walter?"

And the person asked points down to the city and responds:

-"That is Walter."

After all plagues, assasinations, sieges and bomb shells, as you look down to the valley where life blooms despite all odds, you may freely say:

-"Indeed, THAT IS THE CITY."

Unique, greater than death and eternal, and always original. THAT IS SARAJEVO.

Hasib Causevic, Hist. Prof.
Sarajevo, Oct 10, 1997.

Bosna'nın kalbinde bir şehir doğdu. Şehre önce Saray adı verildi. Şehir daha sonraları ticaret ve kültür merkezi olunca Saraybosna adını aldı. Bu şehir, sarayın etrafındaki ovada (Saray ovası) oluştu. Dolayısıyla Saraybosna'nın bir gecede büyüyüp geliştiği ve şehirleşme boyutlarının Osmanlı İmparatorluğu ve komşu Avrupa ülkelerinin önemli merkezleriyle boy ölçüşecek konuma geldiği söylenebilir.

Saraybosna asırlardır dünyaya açık bir şehirdi. Dünya ile olan temas ve bağlantılarında zaman zaman keder, çöküntü ve ümitsizlikler yaşadı. Ancak bu şehrin ruhu hiçbir zaman kaybolmadı ve unutulmadı, çünkü sağlam temeller üzerine kuruluydu. Bu şehri ziyaret eden meraklı ve akıllı insanlar daha sonra ağır ve çaresiz bir hastalık olarak addedilen nostalji (hasretlik) hastalığına yakalandılar. Saraybosna dışa dönüklülüğü ile diğer şehirleri çağrıştırıyor, ama o kesinlikle diğer şehirlerden farklı. O birtakım zenginliklere sahip bir şehirdi. Dolayısıyla da onun hoşgörüsünden dolayı bazı yabancı deneyimler üstünde etkili oldular. Yaşam mücadelesinde yaşanan karanlıklar ve belirsizlikler gibi, Saraybosna'nın tarihi de hala karanlık ve belirsiz. Ancak bu şehri şehir kılan ve insanı ona yaklaştıran tılsım, şehrin ruhunda yatmakta ve bu ruh sürekli yaşıyor, kendini yeniliyor.

(H. Tahmisçiç)

Yine de Bosna tarihine ve geçmişine bakıldığında, tarihin başkentin kaderinde belirleyici olduğu görülecektir. Bu başkent ruhun ve ticari kalkınmanın merkezi olan bir başkenttir.

Bizans Kralı Konstantin Parfirogenetos'a ait yazılı belgeler olan "De Administrando İmeprio", "Papaz Duklyanin Kroniği" ve "Frank Kroniği" Bosena isimli Bosna ülkesinden, devletinden, nehrinden ve orada yaşayan Boşnyanilerden bahsetmektedir. Bu belgeler onuncu yüzyıl ve sonrasından sözetmesiyle birlikte, böyle bir ülkeden bahsetmesi açısından önemlidir. Bu ülkenin komşu ülkelerle karşılıklı olarak ticari ve sosyal ilişkileri vardı. Adı geçen belgelere dayanarak Bosna devletinin dokuzuncu yüzyılda da varolduğunu iddia edebiliriz. Toprakları Saray Ovasından Vranduk Vadisine kadar uzanıyordu ve daha sonraları Usora ve Soli (yani şimdiki Tuzla), Doboy, Tesliç ve Teşany şehirlerini de sınırlarına dahil etti. Ancak bununla da kalmayıp, kuzeybatıya, güneye, doguya doğru genişlemeye başladı ve bu sefer de Donyi Kray, Tropolya veya Zavrşya yani şimdiki Bosanska Krayina, Livno, Glamoç ve Duvno'yu sınırlarına kattı.

Her nekadar Bosna isminin nereden geldiği bilinmese de çesitli varsayımlar mevcut. Ulke, ismini Bosna nehrinden mi, yoksa nehir ülkenin ismini mi aldı. Ya da bir Slav boyu gelerek ülkeye, nehire ve nehirin çevresinde kurduğu devlete bu ismi mi verdi. Belki Ural Altay kökenli bir sözcük de olobilir. Ancak tarihte belirlenen bir gerçek var ki, o da Bosna isminde bir ülke, bir nehir ve bu nehir etafında kurulmuş bir devlet dokuzuncu yüzyıllarda kurulmuştur. En önemli nokta da şu ki, o günden bugüne bu üç isim değiştirilmemiş, sadece ülke ve devlet halka bir isim vermişler ve o ülkede yaşayan halka Boşnyani demişler. Daha sonraları bu isim Boşnaklar veya Bosnalılar (Boşnyatsi veya Bosantsi) olarak değişmiş. Boşnaklar en başından beri faktlı dinlere mensup, kaderin, aynı toprağın ve hayatta kalma mücadelesinin birlestirdiği, aynı kimlige sahip insanlardır.

(Bilimler Akademisi Üyesi Prof. Dr. M.Filipoviç).

Bugünkü Bosna Hersek devleti yapılan halk oylamasından sanra 1 Mart 1992 tarihinde kendi bağımsızlığını ilan etti. Aynı sene 6 Nisan'da dünyada, kendi sınırları dahilinde, Birleşmiş Milletler üyesi, bağımsız, egemen ve toprak bütünlüğü olan bir devlet olarak kabul edildi. VIII. yüzyıldan bugüne kadar Bosna'nin sınırlarının, politikasının ve devlet hukukunun genişleyip şekillenmesi tarihin bir sonucudur. En ilginç taraf da, birinci Bosna Kralı Tvrtko I. Kotromaniç (1352-1391) zamanında en büyük ilerlemeyi kaydederek, İbra ve Morava nehirlerinden batıdaki Adriyatik kıyılarına, Sava ve Kırka nehirlerinden, güneydeki Lim ve Trebişnyitsa'ya kadar uzanmasıdir. Bosna, güneybatıda Hirvatistan sahillerindeki Zadar'dan Şibenik'e kadar uzanan Adriyatik sahillerine, Kotor'a, Boka Kotorska'ya kadar uzaniyordu. O zamanlar Güney Slavların kurduğu ülke en geniş topraklara, askeriye ise en güçlü yapıya sahipti. Daha sonraları ülke sınırları küçülmeye başladı ve şimdiki yüzölçümünü aldı. Bu XVII. yüzyıl sonlarında Avusturyalılar arasında daha doğrusu Katolik İlahi İttifak ve büyük Osmanlı Devleti arasındaki büyük Viyana Savaşından (1684-1699) sanra oldu. 1699 yılında Karlovça'da Barış Antlaşması imzalanarak, Bosna uluslararası alanda kabul edildi ve şimdiki sınırlarıyla kimliğini buldu. 1878 Berlin Kongresi'nde aynı sınırlar bir kez doha teyit edildi. O zamanlar Avrupa güçleri, Sırbistan ve Karadag'in (Tsirna Gora) bağımsızlığını da kabul etti. Bosna ise bu ülkelere göre, ülke sınırlarına sahip oldu, Sancak'a açılan sınırı açık kaldı ve Osmanlı Devleti'nin bir parçasi olarak kabul edildi. Tüm bunlar cereyan ederken, Saraybosna, Ülke'nin siyaset, kültür ve ticaret merkezi olmaya devam etti.

Şimdiki sınırlar dahilinde Saraybosna'nın iki kalesi vardı: Hodidyed ve Vrhbosna. Ancak bir ticaret merkezi olduğundan Adriyatik denizinden Panonya, Sancak, Makedonya ve Konstantinopolis'e giden kervanlar burada mola verip buluşuyorlardı. Eski medeniyetlerin birçok izleri Saraybosna vadisinin Debelo Brdo, Kotorska gibi yerlerinde, birçok İlir kabilelerinin gelip yerleştiği ve tarihte de İlliricum olarak bilinen bölgede bulundu. Romalıların gelişiyle bu yerler birinci yüzyılın sonlarında Roma varoşu Dalmaçya'ya baglandı. Romalilardan kalan en önemli arkeolojik kalıntılar İllıca'daki kaplıcalar ve Bosna nehriyle, demiryollarının yanındaki yerleşim alanlarıdır. Bu topraklardan daha önce veya daha sonra Gotlar, Keltler, Avarlar geçmiş ve en sonunda da Slavlar gelmiştir...

Ozamanlar Balkanlar Doğu Roma İmparatorlugu'na - Bizans'a bağlıydı ve yeni gelen Slavlar baştaki hükümeti kabullendiler. Fatih Sultan Mehmet 1463 yazında Bosna'yı feth edip, yönetimi ele aldığında eski kale-şehir Vrhbosna'yı, Bosna Sancağının başkenti olarak ilan etti. Daha sonra bu topraklara ünlü Osmanlı komutani İsa Bey İshakoğlu geldi ve 1440 -1470 tarihleri arasında belli aralıklarla burada ikamet etti. 1457 senesinde de Fatih Sultan Mehmet için tahta minareli Hünkar Camii'ni inşa ettirdi. Camiye giden yol boyunca da, hamam, su tesisatları, Milyatska nehrine "Sultan Köprüsü" biraz ilerisine "Kolobara" isminde büyük bir han, yanıbaşına Bedestan ve dükkanlar, Bentbaşı'nin yanındaki Brodaç'ta misafirhane, tekke ve biraz aşagısında da Milyatska'da dokuz tane değimen yaptırdı. Bütün bu inşaatların üstüne, şehre ismini veren Saray Konağını yaptırdı ve tarihe de Saraybosna'nın kurucusu olarak geçti. Birinci Sancak Beyi Minnetbeyoğlu'den, varisi İsa beye kadar, Bosna'dan on üç yönetici gelip geçti. 1521' de Saray'da yazlık, cami, çifte hamam, Bistriça Nehrine köprü yaptıran son Sancak Beyi, Saraybosna'nın ilk valisi Gazi Küçük Bali Bey Yahyapaşazade yönetime geldiğinde şehir şehirleşmeye başlamıştı ve Osmanlı Devleti'nin bir parçası olduğundan bahsediliyordu. Ancak Saraybosna, yükselişinin en parlak dönemini Gazi Husrev Bey döneminde yaşadı. 1521. senesinde Belgrat'ın fethinden sonra Kanuni Sultan Süleyman Gazi Küçük Bali Bey'e teyze oglu Gazi Hüsrev Bey'in Sancak Smederevska'nın hükümdarlığı için yer değiştirmesine izin verdi.

Onlar Yavuz Sultan Selim'in kızkardeşlerinin çocukları, Yıldırım Beyazıt'ın da torunlarıydı. Daha sonra Gazi Husrev Bey Saraybosna'ya geldi ve ölüm tarihi 1541'e kadar Saraybosna'da kaldı. Öldüğünde de kendi adını taşıyan camisinin yanındaki türbeye gömüldü. Büyük komutandı, birçok şehri feth etmişti ve Kanuni Sultan Süleyman ile Viyana kapılarına kadar gitti. Askeriyeye ara verdiği dönemlerde Saraybosna'daki vakıflarını gezer, yeni yerler inşa ederdi. 1530 yılında Balkanlar'de eşi bulunmaz meşhur Begova Camisini yaptırdı. Bu caminin yanına kendisi ve en iyi dostu Murat Bey Tardiç için iki türbe, caminin avlusuna bir şadırvan, mektep Balkanlara ses getiren Kurşunlu Medresesi, Hanekah, İmaret ve Misafirhane, Saat kulesi, Müvekkithane, Bedestan, Taşlıhan ve diğer hanlar, çifte hamam su kanalları, çeşme, 2000 kitaplı kütüphane, hastane, vakıf ihtiyaçlarını ve diğer masrafları karşılayabilmek için 250 dükkan ve yanıbaşına bir konak inşa ettirdi. O zamandan beri Saraybosna başka şehirlerle kiyaslanamayacak bir duruma geldi. Şehir, tarım, ticaret, eğitim, kültür, spor ve diğer alanlarda ilerleme kaydetti. Milyatska nehrine, bugüne kadar ayakta kalan birçok köprü inşa edildi. Yüzlerce güzel caminin yanısıra, Saraybosna'yı yeniden inşa edenler, birçok kuruluş da kurmuşlar ve tüm bunlar müslümanların yönetimde olduğu dönemde gerçekleşmiştir. Büyük ortodoks Kilisesi ardından Eski Ortodok Kilisesi, Katedral, St. Ante Kilisesi, Siyavus Paşa'nın dairesinde büyük Sinagog ve Eski Mabet. Dolayısıyla Kudüs'ün yanısıra, Saraybosna dini hoşgörü anlayışının yer aldığı tek şehir olmuştur.

Saraybosna şehri daha ilk kurulduğu dönemden beri büyük ilerleme kaydeden, ticaret, eğitim ve kültür merkezi oldu. Birçok Osmanli, Venedikli, Fransız, Alman ve Dubrovnikli gezginler, seyyahlar Saraybosna'yı tasvir ettiler...

İşte Saraybosna hakında yazılmış birkaç can alıcı cümle: "Venedik'ten İstanbul'a kadar, bu denli canli büyük, ticarethanesi, çarşısı zengin ve güçlu bir şehir daha yoktur." Birçok yerli ve yabancı şair ve yazar onun güzelliği, şanı hakkında güzel eserler yazdılar. Bir seyyahın dediği gibi, gerçekten de: "Doğu ve Batı Saraybosna da buluşmuşlar". Ancak bu buluşma verdiği işiltinin yanısıra, birçok insanın canını da aldı ve birtakım zenginlikleri de yok etti. 1697-1879 yılları arasında çıkan on kadar büyük yangın Başçarşı'daki bazı yerleri kül etti. Salgın hastalıklar çoğaldı ve mezarlar artmaya başladı. Ancak en büyük kayıplar savaşlarda verildi. En büyük kayıp 1697 senesinde Prens Eugen Savoyski zamanında verildi. Kendisi şehri yaktı, yağmaladı, beraberinde birçok eseri götürdü veSava Nehri üzerinden kaçtı.

Avusturya Macaristan Krallığı'nın askerlerine karşı gösterilen direnç sırasında Saraybosna bey soyunun en nadide çiçeği öldü. Öte yandan da birçok kişi soluğu Türkiye'de aldı. 28.06.1914 senesinde "Mlada Bosna" (Genç Bosna) adlı Sırp terörist örgütüne mensup Gavrilo Princip adlı bir öğrenci Avusturya Macaristan Krallığı'nın veliahtı Franyo Ferdinant ve hamile karısı Sofya'ya suikast düzenleyip ikisini de öldürdü. Sırplar için kahramanlık sayılan bu iğrenç olaydan dolayı Saraybosna terörizm tarihine geçmiş oldu. Ancak bu suikast Birinci Dünya Savaşi'nın çıkmasına sebep oldu. 1918-1941 yılları arasındaki Yugoslavya Krallığı döneminde, şehir duraklama devrine girmiş, kültürel ve sosyal yaşantıda zor anlar yaşamaya başlamıştı. İkinci Dünya Şavaşı'nda Yahudilerin çoğunluğunu oluşturduğu oniki bin kayıp verildi. Komünist Yugoslavya döneminde ise yaralar sarılmaya, şehir ilerlemeye başlamıştı. Fakat komünisterin gidişiyle inanılmaz bir felaket geldi. Saraybosna'nın özgürlük günü ve Bosna Hersek'in uluslararası

alanda özgür ve bağımsız bir devlet olarak tanındığı 6.04.1992 tarihinde, YNA (yani Yugoslavya Halk Ordusu) ve Sırp-Karadağ çete askerleri tarafından, bütün dünyada kabul edilip, bağımsızlığı tanınmış bu devlete karşı saldırı düzenlendi. Kan kusan yüzlerce tank ve silahtan milyonlarca mermi ve havan topu şehre düştü. Kişi başına on kilogram ağırlığında ölümcül mermi ve top atıldı. Saldırılarda hedef olarak okullar, hastaneler ve çocuk yuvaları ilk sırayı alıyordu... Ekmek ve su kuyruklarında saçtıkları korku ve sivilleri öldürmelerindeki amaç, karşı tarafı teslim olmaya ve şehri ikiye bölmeye zorlamaktı. Dört seneye yakın bir süre devam eden savaşta, 1788'ini çocukların oluşturduğu 11.768 kişi can verdi. Onbinlerce insan hafif veya ağır olarak sakat kaldı, binlerce ev, çesitli kurum ve kuruluş binaları, tarih ve kültür abideleri yıkıldı... Yüzelli bin Saraybosnalı da mülteci konumuna düstü. Şehir 1365 gün işgal altında çevresi sarılı bir vaziyette kaldı. Siviller yeni dünya tarihinde görülmemiş açlık ve susuzluk işkencesine maruz kaldı. Havaalanının altından açılan tünel, Saraybosna'nın can damarıydı. Bu tüneli Birleşmiş Milletler'e bağlı askerler kontrol altında tutuyordu. Ancak bu tünelden giren gıda yardımı bir hafta bile yetmiyordu. Bu acümasız insanlar tüm güçleriyle, bu şehre besledikleri nefretlerini kusuyorlardı. Dolayısıyla bu şehirde hareket halindeki herşeyi vurup öldürme çabasındaydılar.En çok da tramvaylara, otobüslere, bisikletle gidenlere, yaya ve hayvanlara nefret dolu mermilerini sıkıyor,havan toplarını atıyorlardı...

Bunların kustukları nefret aynı bir yanardag patlamasından sonra lavların önündeki herşeyi silip süpürmesine benziyordu. 1995 yılında Dayton Antlaşması'nın imzalanmasıyla şehnin etrafındaki kuşatmanın kalkmasına ve insanların evlerine dönmesine fırsat doğdu. Soykırım, vahşet, açlık, hayatta kalma mücadelesinden bahseden bu monografi, 1992 ve 1996 yıllarında Bosna Hersek'de yılın fotoğrafçısı seçilen Fehim Demir'in objektifi sayesinde meydana geldi. Onun fotoğrafları birçok kez dünya gazete ve dergilerinin baş sayfalarında yer aldı. Bugün Saraybosna, dünyanın dört bir tarafındaki dostları sayesinde yavaş yavaş yaralarını sarıyor. Şehirde daha şimdiden yirmi kadar sefaret açıldı. Tramvay, troleybüs, demiryolları, posta hizmeleri tekrar faaliyete geçti.Butmir Havaalanı halen çalışır durumda olmakla birlikte yeni bir modernizasyonla yakın bir dönemededaha da iyi ve kapsamlı hizmet vermeye başlayacak. Saraybosna'nın herhangi bir tepesinden baktığımız zaman ölüsüz Anka kuşuna benzeyen, küllerin arasından yeniden doğan ve yeşeren, kırılmayan, yok edilemeyen, özgür bir şehir göreceksiniz. O bakımdan "Valter Saraybosna'yı savunuyor" filminde,

-Valter kim? -sorusunu yönelten Alman subay geliyor akla.

Soru yöneltilen kişiyse, anında Saraybosna'yı göstererek cevap veriyor:

-Valter O!

Tüm musibetlerden, pek çember ve suikastlerden, kuşatma ve havan toplarından sonra şöyle bir baktığınızda,vadinin birinde özgür bir hayatın başladığını görecek ve,

-Evet, O BİR ŞEHİR diyeceksiniz.

Dayanıklı, tek, ölümsüz ve her zaman yeni.

İŞTE SARAYBOSNA

Saraybosna, 10. 10. 1997
Hasib Çauseviç
Tarih Hocası

عندما استولى السلطان محمد الثاني الفاتح في صيف عام ١٤١٣م على البوسنة وأقام فيها حكمه عين البلدة فرهبوسنا مقرا للإقليم كله.

بعد ذلك بقليل وصل إلى البلاد القائد العثماني الشهير عيسى بك إسحاقوفيتش (قضى في البوسنة المدة بين ١٤٤٠ إلى ١٤٧٠م) الذي بنى سنة ١٤٥٧م في البلدة مسجدا ذا مئذنة خشبية وسماه المسجد الملكي (Hunkjar cami) تشريفا للفاتح الشهير وبجانب المسجد بنى حماما ووضع شبكة أنابيب المياه. ثم بنى جسرا فوق نهر ميلياتسكا (الجسر الملكي) وعلى مسافة من المسجد بنى خانا كبيرا معروفا باسم كولوبارا وبجانبه سوقا مسقوفة خيط بها دكاكين. وفي برودتس بنى مسافرخانة وزاوية وتسع مطاحن على ميلياتسكا. وعلاوة على كل هذا بنى قصرا سماه Saraj konak (قصر كوناك) سميت البلدة باسمها الحالي نسبة له. وكتب به اسم عيسى بك إسحاقوفيتش في صفحات التاريخ كمؤسس مدينة سراييفو.

من أول سنجقبك (والي) وهو مينت بيكوفيتش وخليفه عيسى بك توالي في البوسنة ١٣ حاكما. وعندما تولى زمام الحكم آخر سنجقبك وأول محافظ لسراييفو غازي كوجوك باليبك يحيا باشيتش. والذي بنى في أثناء إقامته القصيرة في البلدة سنة ١٥٢١م فيلا صيفية ومسجدا وحماما ثنائيا وجسرا على نهير بيستريك، بدأت البلدة تتحول في شهير يذكر في أنحاء الدولة العثمانية.

شهدت سراييفو ذروة نموها وازدهارها في عهد الوالي الشهير الغازي خسروبك الذي وصل إلى سراييفو سنة ١٥٢١م وظل فيها إلى أن توفي سنة ١٥٤١م حيث دفن في ضريح بجانب مسجده. كان غازيا كبيرا. فتح مدنا كثيرة ووصل مع السلطان سليمان الثاني إلى فيـنا. وخلال هذه المدة كلها كان يبني ويتفقد العمارات المبنية والموقوفة لاحقا في سراييفو. بنى سنة ١٥٣٠م مسجدا اشتهر باسم الغازي خسروبك وهو رائع لا مثيل له في البلقان. وبجانبه بنى ضريحين أحدهما لنفسه والآخر لأعز أصدقائه مرادبك تارديتش. ونافورة في فناء المسجد. ثم كلا من كتابة ومدرسة سميت بمدرسة القرشوملي وهي بجمالها كذلك في مقدمة مدارس البلقان وزاوية معروفة باسم خانكاه ومنزلا كبيرا للفقراء (عمارة) وآخر للمسافرين (مسافرخانة) وبرج الساعة وموقتخانة وسوقا مسقوفة كبيرة وعددا من الخانات وحماما وأنابيب مياه عامة ومكتبة زودها بألفي كتاب ومستشفى وقصرا إضافة إلى حوالي ٢٥٠ دكانا خصصت لخدمة وصيانة المباني المذكورة الموقوفة. ومن ذلك الوقت تعتبر سراييفو مدينة لا مثيل لها في البلاد المحيطة الواسعة.

كانت المدينة تنمو وتتطور في كافة الميادين الاقتصادي والتجاري والتعليمي والثقافي والرياضي. بنى على نهر ميلياتسكا عدد كبير من الجسور الحجرية وهي لا تزال تستعمل اليوم. مع بناء المساجد الرائعة والتي زاد عددها عن مائة مسجد وبناء مؤسسات أخرى قام به مؤسسو سراييفو وقد بني كذلك في عهد الحكم المسلمين كل من كنيسة سينودول الأرثدكسية الكبيرة والكنيسة الأرثدكسية القديمة و الكنيسة الكاثوليكية الكاتيدرائية وكنيسة سفيتي أنته وبيعة كبيرة ومعبد يهودي قديم، وبذلك أصبحت سراييفو. مع القدس مدينة وحيدة في العالم يمكن فيها ملاحظة المعنى الحقيقي لروح التسامح الديني.

كانت سراييفو منذ نشأتها مركزا تجاريا وعلميا وثقافيا كبيرا ومتقدما. وصفها عدد كبير من الرحالين العثمانيين والبندقيين والفرانسيين والألمانيين والدبروفنيكيين..

ويقول أحدهم "مثل تلك المدينة اللامعة، تلك المدينة الكبيرة المكتظة بالتجار والدكاكين والأسواق والمخازن. مثل تلك المدينة الفاخرة الجبارة لن نجد في الطريق من البندقية إلى اسطنبول". وفعلا إن سراييفو كما وصفها أحد الرحالين مدينة التقى فيها الشرق والغرب، مدينة شهدت في تاريخها فترات لامعة كما شهدت أيضا أزمنة سيئة كانت تأخذ عددا كبيرا من الضحايا في الأنفس والأموال. عشرة حرائق كبيرة في فترة من ١٦٩٧ إلى ١٨٧٩م ابتلعت بعض أجزاء حي باشجارشيا، الوباء والأمراض السارية كانت تملأ المقابر. إلا أن أكبر عدد الضحايا في الأنفس كان يقع في الحروب والدفاع أمام المعتدين. حدث أكبر خراب على يد الأمير أوجين سافويسكي سنة ١٦٩٧م حين أحرق المدينة ونهب ممتلكاتها وفر إلى ما وراء النهر سافا. في مقاومة الجيش النمساوي

قتل نخبة من نبلاء سراييفو فيما لجأ الكثير إلى تركيا.

باغتيال ولي العهد النمساوي السيد فرانيو فرديناند وزوجته السيدة صوفيا والتي كانت حينئذ حاملا بهذا العمل الإرهابي الذي قام به الطالب الصربي غافريلو برنسيب التابع للفرقة الإرهابية المسماة "ملادا بوسنا" في ٢٨ من يونيو سنة ١٩١٤م والذي يمثل لدى الصرب البطولة. بهذا الاغتيال سجل اسم سراييفو في تاريخ الأرهاب. إضافة إلى أن الاغتيال كان السبب المباشر للحرب العالمية الأولى. في عهد المملكة اليوغسلافية (١٩١٨-١٩٤١) ركد تطور المدينة وعاشت الثقافة والروحانية فيها معيشة سيئة. الحرب العالمية الثانية أسفرت عن أكثر من ١٢ ألف ضحية في الأنفس. عهد يوغسلافيا الشيوعية شفى الجروح لحد ما وزاد من سرعة تطور المدينة. لكن انصراف الشيوعيين من المسرح السياسي أسفر عن كارثة لا يتصور مداها. في ٦ مارس سنة ١٩٩٢. اليوم الذي تم فيه الاعتراف الدولي بالبوسنة والهرسك كدولة مستقلة، بدأ اعتداء الجيش اليوغسلافي والصرب الجتنيك على الدولة المعترف بها بالكاد الطوق الدموي المؤلف من مئات الدبابات والمدافع وجه على المدينة ملايين قذيفة مدمرة. وكان من بين الأهداف المضروبة المدارس والمستشفيات ورياض الأطفال... بزرع الخوف وقتل المدنيين الواقفين في طوابير الخبز أو الماء قصد العدو إجبار المدافعين على الاستسلام. في أثناء أربعة أعوام غير كاملة من الاعتداء قتل في سراييو ١١٬٧٦٨ شخصا منهم ١٬٧٨٨ طفلا ظل بضع عشرات الآلاف من المعاقين وآلاف من الشقق والمنازل المدمرة إضافة إلى عدد كبير من المباني الاقتصادية والتعليمية والثقافية والأثرية والخ... هاجر من سراييفو حوالي ١٥٠ ألف شخص من أهل سراييفو.

كانت المدينة في حصار كامل ١٬٣٦٥ يوما. وكان ذلك تعذيب المدنين بالجوع والعطش لم يشهد مثله التاريخ العالمي الحديث. كانت الحياة تدخل المدينة عبر نفق ضيق محفور من تحت المطار الذي كان تحت مراقبة القوى الدولية وعن طريق المساعدات الخيرية القليلة. الجوع والعطش والظلام والقذائف كانت مشاهد يومية لسراييفو... واستمر الحال إلى حين توقيع اتفاقية السلام في ديتون في أواخر السنة ١٩٩٥ حين رفع الحصار عن المدينة وبدأت الحرية تعود إلى أهلها. عن قتل الأنفس وتدمير المباني. عن العذاب في المدينة المحاصرة بمختلف أوجهه تتكلم هذه المونوغرافية الناجحة عن عدسة آلة تصوير السيد فهيم الذي لقب بأفضل مصور صحفي في البوسنة والهرسك في السنة ١٩٩٢ و١٩٩٦. كانت صوره مرات لا تحصى تحتل صفحات الغلاف لأشهر الصحف والمجلات في العالم.

اليوم سراييفو تشفي جروحها بالتضامن مع الأصدقاء من العالم كله. افتتح فيها أكثر من عشرين سفارة، واستأنفت المرور والمواصلات. المطار في حي بوتمير بدأ بالعمل ويجري حاليا ترميمه الذي سيصبح بعد إتمامه قادرا على استقبال أحدث الطائرات.

وإذا ألقيتم نظرتكم إلى سراييفو من فوق تل من الأتلال المحيطة بها رأيتم مدينة مثل طائر العنقاء تطلع وتنبت من رماد. لا تنهزم ولا تتحطم. مدينة حرة.

وهذا ما يجعل الكثيرين تعود إلى أذهانهم صورة الضابط الألماني من الفيلم "فالتر يدافع عن سراييفو" وهو يسأل زملاء:

- من هو فالتر؟

ويرد أحدهم بسرعة وهو يشير بيده إلى سراييفو:

- هذا هو فالتر!

بعد كل الأوبية والمشانق والاغتيالات، بعد الحصارات والقذائف والصواريخ باستطاعتكم، وأنتم تنظرون إلى دبيب الحياة في الوادي أن تقولوا بلا تردد:

أجل هذه هي المدينة.

الصامدة والفريدة والأمـوال والخالدة والجديدة دائما.

هذه هي سراييفو.

البروفسور حسيب تشاوشفيتش

سراييفو في ١٩٩٧/١٠/١٠م

سراييفو هذه هي

في وسط البوسنة نشأت مدينة. وسموها في بادئ الأمر سراي بمعنى قصر، ولما كبرت وتحولت في الـ"شهير". بمدلولها في اللغة التركية مدينة كبيرة أو مركز تجاري وثقافي. حصلت على اسمها الحالي - سراييفو. تلك مدينة نشأت في سهل محيط بالقصر"سراي أواسي" ما جعلها تنمو بسرعة هائلة وتتحول في مدة وجيزة في مدينة كبيرة يمكن مقابلتها بكل أبعادها العمرانية بأهم مراكز الدولة العثمانية وأوربا المجاورة لها.

كانت سراييفو مدينة منفتحة نحو العالم على مدى القرون. وكان مشوار الاتصال والحوار مع العالم لا يخلو من التعثر والتوقف واليأس لكنه لم يغفل ولم ينس قط في مساحات هذه المدينة. وكان باستطاعته أن يتجدد في أية لحظة لأن الأرض تحته كانت ثابتة. إن كثيرين من زوارها قد دفعوا الثمن غاليا - إذ بقيت سراييفو في أذهانهم ونفوسهم ضالة وجرحا لا يشفى. مع أن سراييفو بانفتاحها كانت تبدو لهم مثل كثير من المدن الأخرى إلا أنها تختلف عنها اختلافا لا يتكرر. فالانفتاح نحو العالم واضطراباته وخبراته كان سبب ثروته.

إن تاريخ سراييفو لا يزال مبهما وغامضا. إنه كثيف وغليظ مثل غلظة الحياة التي تقوم عليها وتحاول عنها بطريقتها الخاصة وقد يبقى على ما هو أبد الأبدين. لكن ما يتجاوزه وما يزيد يوميا هذه المدينة ملاءمة للإنسان مضمون في مناخها الروحي ولمعات منتظمة من الديمومة والفناء في آثار الدهر الذي يبني ويدمر في نفس الوقت. في القرون المكتظة بالاحتكاك بين ما هو دنيوي وبين ما هو سماوي.

حسين تاهميشجيتش

عند النظر إلى تاريخ سراييفو لا بد من الرجوع إلى المعلومات الأولى عن البوسنة - الدولة التي خصصت لها مصير العاصمة ومركز الروحانية والتقدم الاقتصادي العام.

إن المصادر الكتابية الأولى التي ورد فيها ذكر بلاد ونهر ودولة باسم البوسنة وأهلها باسم البوسنيين هي كتب الملك البيزنطي قسطنطين بورفيروجينت -De administrando im perio و Kronika popa Dukljanina و Franacka kronika. ومع أن هذه المصادر تتناول القرن العاشر وما يليه من القرون إلا أنها تشهد بوضوح بأن هذا القرن قد سبقه وجود دولة في هذه المناطق كانت لها علاقات وتبادل تجاري كثيف واعتبار مشترك. وبناء على المصادر المذكورة يمكن القول وبكل تأكيد إن دولة البوسنة كانت موجودة منذ القرن التاسع. وكانت تضم المناطق الممتدة من السهل السراييفي إلى مضيق فراندوك منتهية فيما بعد بانتشارها الطبيعي إلى المناطق الواسعة المحيطة بمدن توزلا ودوبوي وتسليتيش وتيشان. ثم إلى بوسانسكا كراينا وليفنو وغلاموتش ودوفنو. ومع أنه لم يثبت بعد من أين أتى اسم البوسنة - هل نهر البوسنة أعطى بلاد البوسنة اسمه أم بلاد البوسنة هي التي أعطت النهر اسمها. أو أن قبيلة من قبائل السقالبة الوافدة إلى هذه المناطق سمت بكليهما البلاد والنهر ثم الدولة التي أنشأتها حول هذا النهر. أو أن الكلمة البوسنة يرجع أصلها إلى غير هذه المراجع - مع هذا كله يبقى من المشهود في التاريخ منذ القرن التاسع للميلاد الاسم البوسنة كمدلول للنهر والبلاد المكونة حوله ثم للدولة. ومن المهم هنا أن هذه الأسماء الثلاث لم تتغير منذ ذاك الوقت إلى يومنا هذا. بل البلاد والدولة قد أعطتا الشعب الذي يعيش فيهما أيضا الاسم نفسه -

البوسنيين. وقد كان هؤلاء من البداية أناس هوية واحدة وأديان متنوعة يوحدهم مصير واحد ومساحة مشتركة ومعركة البقاء.

محمد فيليبوفيتش

إن الأراضي الحالية لدولة البوسنة والهرسك والتي أعلنت في أول مارس من السنة ١٩٩٢م عن استقلاليتها بناء على نتائج الاستفتاء المجرى بين جميع مواطنيها والتي صارت في السادس من أبريل السنة نفسها معترفا بها من قبل معظم دول العالم كدولة مستقلة ومتكاملة بحدودها التاريخية وعضوا في هيئة الأمم المتحدة - إن هذه الأراضي نتيجة تاريخية للتطور والصياغة المساحية والسياسية والإدارية من بداية القرن الثامن للميلاد وإلى يومنا هذا. ومن المثير للاهتمام أن البوسنة في عهد أول ملوكها - الملك تفرتكو الأول كوتروما نيتش (١٣٥٣ - ١٣٩١م) - بلغت أوج ارتقائها حيث شملت الأراضي من نهري إيار ومورافا في الشرق إلى البحر الأدرياتيكي في الغرب ومن نهري سافا وكركا في الشمال إلى نهري ليم ونريبشنيتسا في الجنوب. وفي الغرب الجنوبي كانت تطل على البحر الأدرياتيكي بدءا بمدينتي زادار وشيبنيك التابعتين اليوم لكرواتيا وانتهاءا بمدينة كوتور التابعة اليوم للجبل الأسود. كانت البوسنة حينئذ أكبر وأقوى دولة في البلقان كما كانت من أكبر دول السقالبة الجنوبيين التي عرفها التاريخ. وفي القرون اللاحقة قلت أراضيها بعض شيئ واستقرت أخيرا في الحدود الحالية. حدث ذلك في أواخر القرن السابع عشر إثر حرب فينا الكبيرة (١٦٨٤ - ١٦٩٩م) القائمة بين النمسا أي الحلف الكاثوليكي المقدس وبين الدولة العثمانية الكبيرة. حيث تم - بتوقيع السلام سنة ١٦٩٩م في سرمسكي كارلوفتسي - تحديد واعتراف دولي لحدود البوسنة وهي مطابقة لحدودها الحالية. تلك الحدود ذاتها مؤكدة مرة أخرى من قبل القوى الأوروبية في مؤتمر برلين سنة ١٨٧٨م. وفي نفس المؤتمر اعترفت القوى الأوروبية باستقلالية صربيا والجبل الأسود وحصلت البوسنة على حدودها الدولية نحوهما إلا أن الحدود نحو السنجق ظلت مفتوحة ذلك أن البوسنة والسنجق ما زالا يعتبران جزء من الدولة العثمانية. وطوال هذه الفترة كلها كانت سراييفو مركزا سياسيا وثقافيا واقتصاديا للبلاد.

في مساحات سراييفو الحالية كانت قلعتان قديمتان وهما هوديديد وفرهبوسنا لكنه من الأرجح أن المدينة نشأت في ترغوفيشتا حيث كانت تلتقي فيه وتتوقف القوافل التي سارت من البحر إلى السهل البانوني والسنجق وماقدونيا ذاهبة نحو اسطنبول. إن آثار الحضارات القديمة موجودة في كثير من نواحي سراييفو وضواحيها مثل دبيلو بردو وكوتورسكو المنطقة معروفة عبر التاريخ أيضا باسم إيليركوم حيث كانت تقطنها قبائل إيليرية كثيرة إلى أن وصل إليها الروم فانضمت بهم إلى الإقليم الرومي دالماتيا. وأحسن شهادة لتواجد الروم هنا نجد في آثار حماماتهم المعدنية في ناحية إيليجا ومستعمراتهم على ضفاف نهري البوسنة وجليجنيتسا. وقد مر بهذه البقاع كذلك كل من قبائل الغوط والكلت وآوار إلى أن وصلت مؤخرا السقالبة... كانت جزيرة البلقان آنذاك تابعة للدولة البيزنطية التي اعترف بحكمها الأعلى أيضا السقالبة الوافدون.

EL MUNDO
DEL SIGLO VEINTIUNO

100 PTS. CON MAGAZINE, 225

Los malvados son como las moscas, que recorren el cuerpo de los hombres y sólo se detienen en las llagas. (La...)

...S PROVOCAN LA MAYOR MATANZA DE CIVILES EN LA GUERRA DE BOSNIA

...asacre en el mercado

... muertos al caer un proyectil en el mercado central de Sarajevo a la hora de

...uencia — Izetbegovic abandona las negociaciones y reprocha al mundo su pasividad

JUAN F. ELORRIAGA/AGENCIAS

SARAJEVO.—Al menos sesenta personas han muerto y más de ciento cincuenta resultaron heridas ayer al caer un proyectil de gran potencia en el mercado central de Sarajevo.

La ciudad quedó conmocionada por sirenas de ambulancias y policía, mientras su población reprochaba al mundo su incapacidad para detener la matanza.

Esta es la mayor masacre que ha sufrido Sarajevo en los casi dos años de asedio de los serbios de Bosnia, que bombardean sistemáticamente la ciudad desde las colinas que la rodean.

«Bosnia espera que el mundo se despierte tras esta masacre y dé su merecido castigo a los agresores», recalcaba ayer Radovan

...empo que indicaba que el Ejército bosnio musulmán calculaba que un mínimo de sesenta personas habían sucumbido en el mercado.

...Asimismo, al menos otras 160 resultaron heridas, por lo que no se descarta que el número de víctimas mortales pueda seguir aumentando.

El hospital de Kosevo, en el que, paradójicamente antes de la guerra era psiquiatra Radovan ...

The Bosnian capital but the Nato attack may scupper peace mo...

Atta...
may f...
row v...
Krem...

BY TONY BARK...
Europe Editor

Nato's attack on... ammunition d... may place extra... West's trouble... with Russia, rein... reluctance to se... ern efforts to e... war.

It could stre... of those in Mo... Nato remains... itary organisa... not be allowed... Central and... Relations be... and Russia h... suffering fron... cause of the... crackdown in...

Over the... and the Wes... ordinate poli... goslavia, us... Group" that...

THE INDEPENDENT

No 2,314

Back to life...

Published in London 50p

Ambrose destroys England's Test hopes
Sport 36

...se dest... ...nd's ...pes

...ed in London

THE INDEPENDENT

MONDAY 21 MARCH 1994

No 2,314

Back to life in cleaned-up Leicester Square
Section II

Meet the misunderstood stepmother
Living 20

Insolvency ruling: now accountants could face a flood of claims
Business 27

...e Rose show brings 10,000 football fans to their feet

FINANCIAL TIM...

...edback

...ge 10

Sins of emission
Catching vapours at the fuel pump
Page 18

WEDNESDAY MAY 31 1995

French power
How much liberté for Electricité?
Page 12

...West calls...
...n S...

INSIDE: MAGA... THE EUROPE...
THE CULTURAL LIFE...

...ROPEA...

14 - 20 July 1995 No. 270

FRANCE FFr7.20 GERMANY DM4.50 ITALY L5.500 SPAIN Pts 325 UK 9...

Power Game
Frankfurt's first woman mayor on how she'll solve the city's problems
MagAZine – pages 14 & 15

Po...
Stars ga... returnin...

...ests lay siege to Bastille Day

Saskia Sissons LONDON Tony Paterson BERLIN

...mestrators planned to picket ... entrance to the party. The ... man branch of Greenpeace ... d it planned demonstration at ... border crossing points into ... ore on 15 July.

The issue is not in Germany as particularly difficult test for ... ancellor Helmut Kohl and the ... anco-German relationship. ... d knows that there are few in ... rmany who will support the

Italian President Oscar Luigi Scalfaro condemned France's decision in test, and three Italian green organisations called for a boycott of French goods. "No man has the right to decide for future generations," Scalfaro said.

French tests, moreover, he does not want to alienate the Green voting potential," said Josef Joffe of the influential Süddeutsche Zeitung. In the battle over French Spar to be made his opposition to Shell clear. But this time it is not so easy."

Dutch Premier Wim Kok wrote a personal letter to Chirac on 31 July expressing disapproval of France's decision to resume tests.

There are two laboratory experiments but military nuclear tests which have nothing to do with peace, they are against peace."

The Italian Green Party planned a 14 July demonstration near the French embassy in Rome, and the Flori in Rome, and the Danish

...based supermarket chain Sper ... said it had ordered its 13,000 ... retail outlets in Europe to stop ... selling French food and wine.

In France, more than 800,00... ists signed a petition opposing ... Chirac's decision. They say the ... decision is not, in the governme... says, the result of a need to de... elop simulation techniques and ... move to create new weapons.

In Sweden, there are plans to ... demonstrate outside the French ... embassy in Stockholm, and in ... Norway outside the Oslo embassy.

Additional reporting by ...

Chirac's fallout: page 5
Pacific storm: page 3

...ated UN
...andon
...fe areas'

...rusheinycky ...respondent ...Mather ...tic Editor

...have still not arrived in Bos... ...nia. There is no possibility ... that it will be despatched for ... any of the eastern enclaves.

The Bosnian Serbs are ... more than happy to see

◀ *Svjedoci vremena*
nastajanja
samostalne Bosne
(februar 92)

■ *Witnesses of*
the time of
establishing the
independent state
of Bosnia
(February 1992.)

● *Bağımsız*
Bosna´nın
kurulmasının
zamanlarının
şahitleri
(Şubat 92)

◆ شـهود زمن نشـأة
البـوسـنـة
(فبرايـر ١٩٩٢)

▲ *Antiratne demonstracije ispred Skupštine RBiH (april 92)*
■ Anti-war demonstrations in front of the building of the Assembly of RB&H (April 1992.)

● *Bosna Hersek Meclisi'nin önünde savaş karşıtı protestolar (Nisan 92)*

♦ مظاهرات ضد الحرب أمام مبنى مجلس جمهورية البوسنة والهرسك (أبريل ١٩٩٢)

◆ تشييع جنازة السيدة سعادة
دلبيروفيتش، أول ضحايا الاعتداء
الصربي على البوسنة
(أبريل ١٩٩٢)

● *Dženaza Suadi Dilberović, prvoj*
žrtvi srpske agresije na Bosnu
(april 92)

■ *Funeral of Suada Dilberovic, the*
first victim of Serbian aggression
against Bosnia (April 1992.)

▼ *Bosna'ya düzenlenen Sırp*
saldırısında, öldürülen ilk Bosnalı
kadın Suada Dilberoviç'in cennaze
töreni (Nisan 92)

▲ *Kraj Jugoslavije u Bosni (juli 92)*

■ *Yugoslavia buried itself in Bosnia (July 1992.)*

● *Bosna'daki Yugoslavya'nın batması (Temmuz 92)*

♦ نهاية يوغسلافيا في البوسنة (يوليو ١٩٩٢)

Traži se mrva kruha na ▶
smetljištu (proljeće 93)

■ *Looking for a crumb*
of bread in the waste
(Spring 1993.)

● *Çöplükte ekmek kırıntısı*
aranıyor (93 İlkbaharı)

♦ بـحـث عن ذرة خبز فـي
القمامة (ربيع ١٩٩٣)

▲ *Čekajući tatu da se vrati s fronta (juli 92)*

■ *Waiting for daddy to come back from the confrontation line (July 1992.)*

● *Cepheden dönecek babayi beklerken (Temmuz 92)*

◆ في انتظار عودة الوالد من الجبهة (يوليو ١٩٩٢)

*Dijete,
izgubljeno, traži
majku (juli 92)*

*This child's mother
was killed by a
Serbian shell
(July 1992.)*

*Ne yapacağını
şaşıran çocuk
annesini arıyor
(Temmuz 92)*

طفـل مفقـود يبحـث
عن أمـه
(يوليـو ١٩٩٢)

Na prvoj liniji odbrane grada (ljeto 92) ▶

The first line of defence of the City (Summer 1992.) ■

Şehir savunmasında birinci saflar (92 Yazı) ●

في الخطوط الأمامية ♦
للدفاع عن المدينة
(صيف ١٩٩٢)

▲ *Sinu poginulog bosanskog branitelja ostala je očeva kapa i – suze (august 92)*

■ *A cap and a lot of tears – that is all what remained to this son of theKilled Bosnian defender after his father's death (August 1992.)*

● *Bosna'yı savunan şehidin oğluna, babası ardından kep ile gözyaşı kaldı (Ağustos 94)*

◆ لابن مناضل بوسنوي شهيد بقي غطاء رأس الأب ودموع
(أغسطوس ١٩٩٢)

▲ S brda su ubili muža i oca (august 92)

■ Those from the hills killed a husband and a father (August 1992.)

● Dağlardan, kocasını ve babasını vurdular (Ağustos 92)

◆ (١٩٩٢ أغسطوس) ووالدها زوجها قتلوا الجبال من الوحوش

◆ إنا لله وإنا إليه راجعون. يا بابا... (أغسطوس ١٩٩٢)

● *Bosna toprağın bol olsun, baba......* *(Ağustos 92)*

■ *May the Bosnian earth be light to You, my Daddy...(August 1992.)*

▼ *Lahka ti bosanska zemlja, babo…(august 92)*

◆ أطفال ينتظرون الغداء في دهليز (سبتمبر ١٩٩٢)

● *Sığınakta çocuklar yemek bekliyor (Eylül 92)*

■ *Children are waiting for their lunch - in a basement (September 1992.)*

▼ *Djeca čekaju ručak u podrumu (septembar 92)*

▲ *Srpske granate ubijale su i u centru grada (septrembar 92)*

■ *Serbian shells were killing people in the Centre of the Citi. (September 1992.)*

● *Sırp bombaları Şehrin merkezinde bile öldürüyordu (Eylül 92)*

أمانته قذيفة الصرب من الجبال في وسط المدينة (سبتمبر ١٩٩٢) ♦

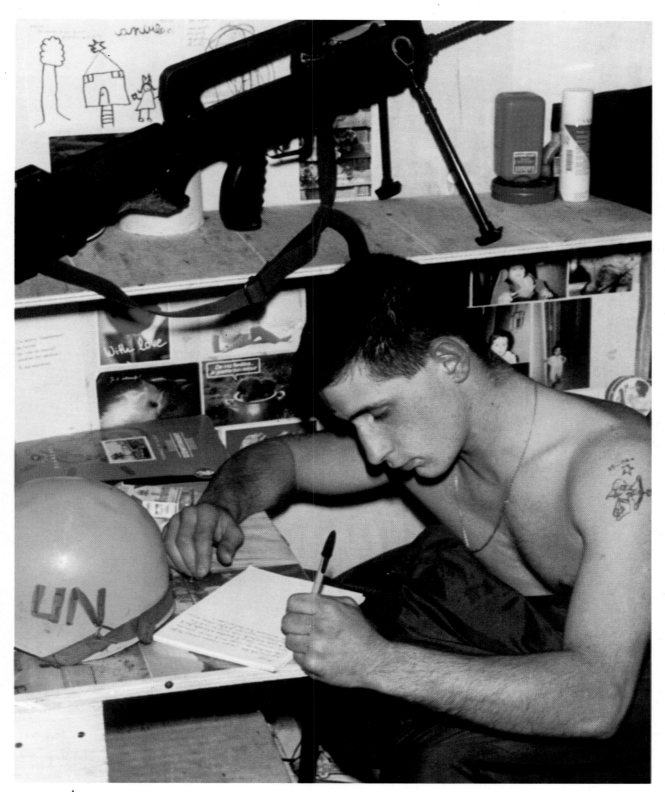

▲ *Francuski vojnik piše pismo obitelji - Sarajevski aerodrom (oktobar 92)*

■ *This French soldier is writing a letter to his family during his duty at the Airport of Sarajevo (October 1992.)*

● *Havaalanındaki Fransız askeri ailesine mektup yazıyor (Ekim 92)*

جندي فرانسي يكتب رسالة إلى أهله – مطار سراييفو (١٩٩٢) ◆

Njega su Srbi istjerali iz rodene kuće, u rodnome gradu (novembar 92)

He was exiled by Serbs from his own house, from his own town (November 1992.)

Doğduğu şehirde Sırplar kendisine ait evden kovdular (Kasım 92)

طرده الصرب من بيته ومدينته (نوفمبر ١٩٩٢)

▲ *Zidno "Oslobođenje" traženo kao kruh (decembar 92)*

■ *Wall-newspapers "Oslobođenje" is needed like a bread (December 1992.)*

● *Ekmek gibi elzem olan duvar gazetesi "Oslobocenye" (Kurtuluş)(Aralık 92)*

جريدة "أسلبوجينيه" على الجدار – كانت قليلة مثل الخبز (ديسمبر ١٩٩٢) ♦

◆ مجزرة في الشارع الرئيسي للمدينة (ديسمبر ١٩٩٢)

● *En yakın su pınarına ulaşmak için bir kaç kilometre kadar yürüdüler (Aralık 92)*

■ *Some times the closest water sources were several kilometers away (December 92)*

▼ *Do prvog izvorišta išlo se i po nekoliko kilometara (decembar 92)*

*Konvoj s djecom napušta
grad (decembar 92)*

*Convoy full of children is
leaving the City
(December 1992.)*

*Çocuk konvoyu şehri terk
ediyor (Aralık 92)*

قافلة مع الأطفال تغادر
المدينة (ديسمبر ١٩٩٢)

▲ *Borba za vodu i - život (1993)*

■ *Struggle for water and - life*
(1993.)

● *Su ve hayat için mücadele (1993)*

◆ معركة من أجل الماء والحياة (١٩٩٣)

*Dosta mu je
života-ni
Unprofor ne
pomaže
(januar 93)*

■ *He is fed up
with his life -
UNPROFOR
does not want to
help (January
1993.)*

● *Canına
yetti-UNPROFOR
bile yardım
etmiyor
(Ocak 93)*

◆ لا تـعـود الحـيـاة
تـهـمـه – الـقـوة
الدولية كـذلك
لا تسـاعـد
(يناير ١٩٩٣)

▲ *Sarajevska svakodnevnica (januar 93)*

■ *Sarajevo's everyday life (January 1993.)*

● *Saraybosna'nın günlük yaşantısı (Ocak 93)*

◆ من يوميات سرايفو (يناير ١٩٩٣)

جندي بوسنوي يعود من الجبهة (مارس ١٩٩٣)   ◆   ■   Bosnian soldier is coming back from the batlle field (March 1993.)

Bosnalı asker cepheden geliyor (Mart 93)   ●   ▼   Bosanski vojnik vraća se s fronta (mart 93)

*Malo topline usred zime
(mart 93)* ▶

*Some heat in the middle
of the winter
(March 1993.)* ■

*Kışın ortasında biraz
sicaklik (Mart 93)* ●

**بعض دفء في وسط
الشتاء (مارس ١٩٩٣)** ♦

▲ *Biti čist po svaku cijenu (mart 93)*

■ *To be clean despite everything (March 1993.)*

● *Ne olursa olsun temizlik (Mart 93)*

النظافة بأي ثمن (مارس ١٩٩٣) ◆

▲ *Dan žena na pijaci Markale (mart 93)*

■ *The Women's Day on Markale Market (March 1993.)*

● *Markale Pazarında Kadınlar günü (Mart 93)*

◆ يوم النسوة في سوق ماركاله (مارس ١٩٩٣)

*"Najmoćnije" naoružanje
bosanske Armije (april 93)* ▶

*"The most powerful" arms of
the Bosnian Army (April
1993.)* ▪

*Bosna ordusunun (en güçlü)
silahı (Nisan 93)* ●

أقوى أسلحة الجيش البوسنوي ◆
(أبريل ١٩٩٣)

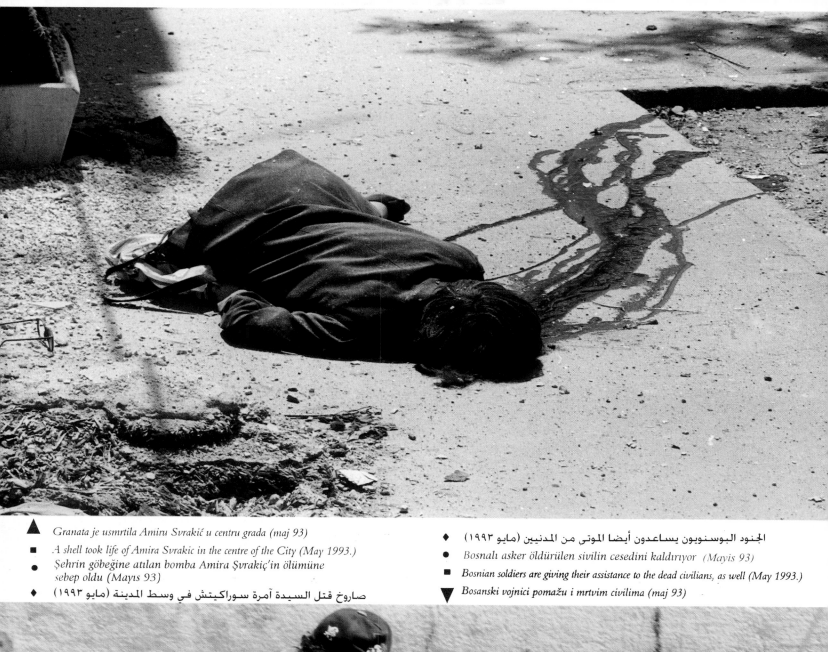

▲ *Granata je usmrtila Amiru Svrakić u centru grada (maj 93)*

■ *A shell took life of Amira Svrakic in the centre of the City (May 1993.)*

● *Şehrin göbeğine atılan bomba Amira Şvrakiç'in ölümüne sebep oldu (Mayıs 93)*

♦ صاروخ قتل السيدة آمرة سوراكيتش في وسط المدينة (مايو ١٩٩٣)

♦ الجنود البوسنويون يساعدون أيضا الموتى من المدنيين (مايو ١٩٩٣)

● *Bosnalı asker öldürülen sivilin cesedini kaldırıyor (Mayıs 93)*

■ *Bosnian soldiers are giving their assistance to the dead civilians, as well (May 1993.)*

▼ *Bosanski vojnici pomažu i mrtvim civilima (maj 93)*

◆ إجلاء بوسنويين مصابين – أب وابن – إلى الخارج
للعلاج (أغسطوس ١٩٩٣)

● Yaralı Bosnalıları, baba ve kızını tedavi görmek üzere
yurtdışına yolluyorlar(Ağustos 93)

■ Wounded Bosnians, a father and his daughter are
evacuated for medical treatment abroad
(August 1993.)

▼ Ranjene Bosance, kćerku i oca, evakuiraju u
inozemstvo na liječenje (august 93)

Život, dom i obitelj uništila je srpska granata (1993)

Life, home and family... everything is destroyed by a Serb shell (1993.)

Sırp bombaları hayatları, evleri ve aileleri yok etti (1993)

حطم الصرب بقنابلهم كل شيئ – الحياة والمنزل والأهل (١٩٩٣)

◆ بوريسلاف هيراك. أول مجرم صربي محكوم عليه (١٩٩٣)

● Borislav Herak, ilk cezaya çarptırılan Sırp savaş suçlusu

■ Borislav Herak is the first person arrested and convicted as a Serb war criminal (93)

▼ Borislav Herak, prvi uhićeni i osuđeni srpski ratni zločinac (93)

▲ *Može se bez kruha, ali bez drva nikako (februar 94)*

■ *Existence is possible without bread, but without wood impossible (February 1994.)*

● *Ekmeksiz olur ama odunsuz kesinlikle! (Şubat 94)*

◆ الخبز قد يستغنى عنه لكن الحطب لا (فبراير ١٩٩٤)

◀ *Robna razmjena-konzerve za cigarete …(oktobar 93)*

■ *Exchange in goods - cans for cigarettes... (October 1993.)*

● *Mal takası - Sigara için konserve (Ekim 93)*

◆ مقايضة – معلبات مقابل سجائر (أكتوبر ١٩٩٣)

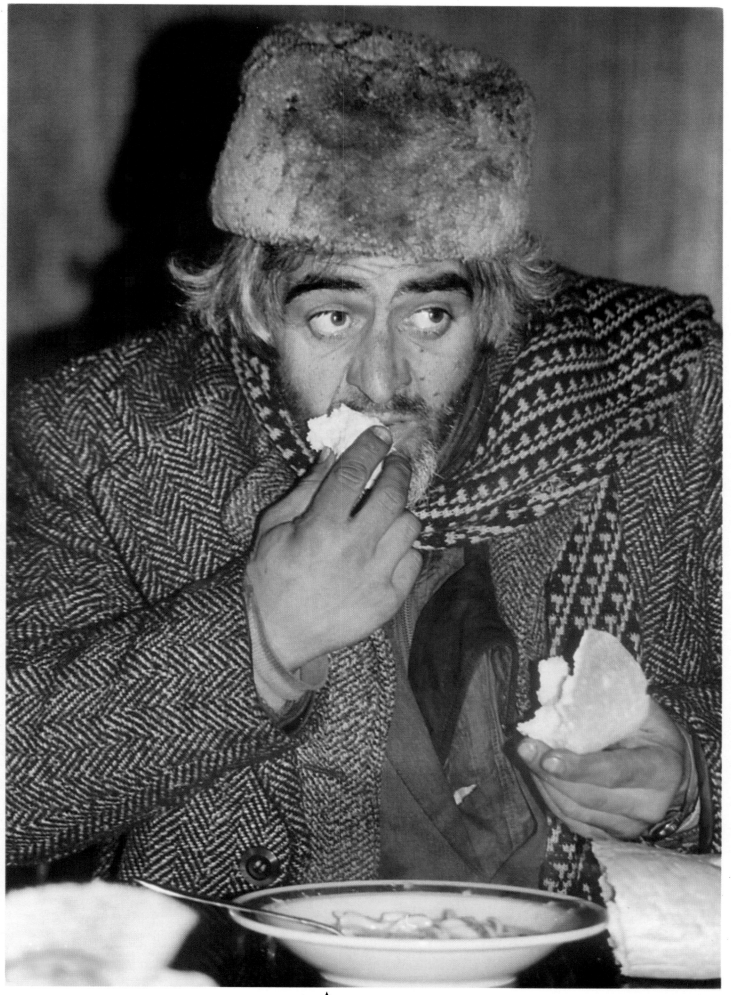

▲ On je prvi došao u javnu kuhinji Međunarodnog crvenog križa (novembar 93)

■ He was the first one to come to the Red Cross Public kitchen (December 1993.)

● Uluslararası Kızılhaç mutfağına ilk o geldi (Kasım 93)

◆ هو أول من جاء إلى مطعم الصليب الأحمر الدولي (نوفمبر ١٩٩٣)

U dvije torbe stao cijeli život, a tuga u srce (novembar 93)

The whole life is contained in these two bags and sorrow in the heart (November 1993.)

İki torbaya tüm hayatını sığdırırken, acısını kalbine gömdü (Kasım 93)

الحياة كلها في حقيبتين والحزن في القلب (نوفمبر ١٩٩٣)

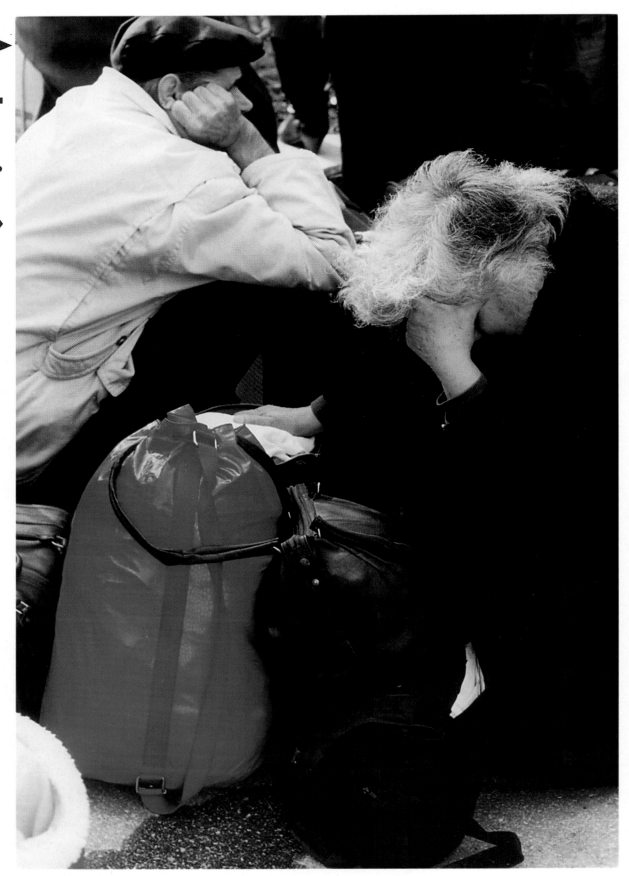

Prisiljeni su otići u ►
neizvjesnost....
(novembar 93)

They had to leave into ■
uncertainty ...
(November 1993.)

Bilinmeze doğru gitmek ●
zorundalar... (Kasım 93)

إنهم مضطرون إلى ◆
الذهاب إلى مجهول...
(نوفمبر ١٩٩٣)

▲ *Francuski vojnici dijele djeci keks (decembar 93)*

■ *French soldiers are giving some biscuits to Bosnian children
(December 1993.)*

● *Fransız askerleri çocuklara bisküvi dağıtıyorlar (Aralık 93)*

جنود فرانسيون يوزعون البيسكويت على الأطفال (ديسمبر ١٩٩٣) ♦

▲ Druženje u
vrijeme
zatišja
(august 94)

■ Children and
UNPROFOR
troops, no sniper-
shooters (August
1994.)

● Çocuklar ve
UNPROFOR
askerleri,
nişancılar ise ateş
etmiyorlar
(Ağustos 94)

◆ الاختلاط مع الناس
في أوقات الفراغ
من المعارك
(أغسطوس ١٩٩٤)

◀ Gladni su i ljudi i
psi…
(decembar 93)

■ Both people and
dogs are hungry..
(December 1993.)

● Insanlar da
köpekler de aç…
(Aralık 93)

◆ الجوع يعم البشر
والكلاب
(ديسمبر ١٩٩٣)

◆ في انتظار قطعة من الخبز (١٩٩٣)

● *Bir lokma ekmeği beklerken... (1993)*

■ *Waiting for a crumb of bread, at least (1993.)*

▼ *Čekajući makar komadić kruha (1993)*

▲ *Benasir Buto, Tansu Chiller i Hikmet Chetin s domaćinom Bolnice Koševo dr Salahudinom Dizdarevićem (februar 94)*

■ *Benasir Buto, Tansu Chiller and Hikmet Chetin with their host in the Koševo Hospital, Dr. Salahudin Dizdarević (February 1994.)*

● *Koşevo hastanesinde Dr. Salahudin Dizdareviç   refakatinde Benazır Butto, Tansu Çiller ve Hikmet Çetin (Şubat 94)*

◆ بنازر بوتو وتانسو جيلر وحكمت جتين مع المسؤل عن مستشفى كوشفو الدكتور صلاح الدين ديزدارفيتش (فبراير ١٩٩٤)

Jedan od krvavih tragova masakra, na pijaci Markale (februar 94)

One of the traces of blood from the masacre on Markale Market

Markala pazarında Sırp katliamının kanlı izi (Şubat 94)

آثار دموية للمجزرة الصربية في سوق ماركاله (فبراير ١٩٩٤)

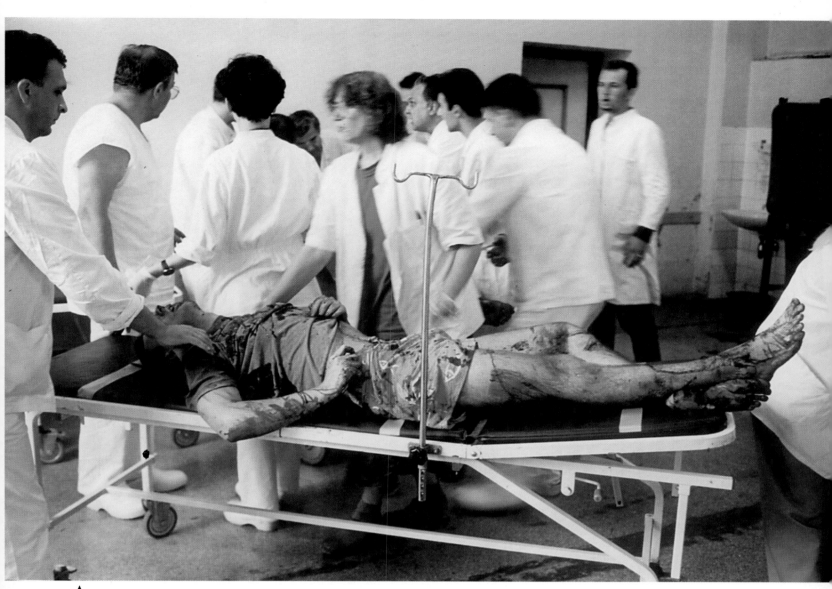

▲   *Još jedna žrtva srpskog granatiranja – Bolnica Koševo (1994)*

■   *One more victim of the Serb shelling – Koševo Hospital (1994.)*

●   *Sırp bombardımanının bir kurbanı daha - Koşevo hastanesi (1994)*

◆   (١٩٩٤) ضحية من ضحايا القصف المدفعي الصربي – مستشفى كوشفو

Žrtve zločina na Markalama u mrtvačnici Bolnice Koševo (februar 94)

■ *Victims of the serb crime at Markale in the Koševo hospital morgue (February 1994.)*

● *Markale'deki Sırp katliamın kurbanları - Koşe va hastanesinde (Şubat 94)*

◆ ضحايا جريمة ماركاله في قاعة موتى مستشفى كوشفو (فبراير ١٩٩٤)

◀ *Počast poginulom drugaru - groblje Lav (septembar 95)*

■ *Respect to the killed friend - Lav Cemetery (September 1995.)*

● *Ölen arkadaşına saygı-Lav (Aslan) Mezarlığı (Eylül 95)*

◆ تشريف لزميل شهيد – مقبرة لاف (سبتمبر ١٩٩٥)

▲ Unprofor
prati putnike
prvog
tramvaja
(mart 94)

■ UNPRO-
FOR is
accompanies
passengers of
the first tram
(March
1994.)

● UNPROFOR
tramvayın ilk
yolcularını
uğurluyor
(Mart 94)

◆ قوات الأمم
المتحدة ترافق
ركاب أول ترام
(مارس ١٩٩٤)

▲ Orkestar puka "Coldstream guards" britanske vojske na stadionu Koševo (21. mart 1994)

■ Coldstream guards orchestra at the Koševo stadium (1994. March, 21)

● Koşeva Stadyumunda "Coldstream Guards" Orkestrasının Konseri (21. Mart 1994)

◆ أوركسترا فيلق Coldstream guards البريطاني في ملعب كوشفو (٢١ مارس ١٩٩٤)

*Yasushi Akashi još ne
razumije ko puca
na grad (april 94)*

■ *Yasushi Akashi still cannot
understand who is shelling the
City (April 1994.)*

● *Yasuşi Akaşi şehre kimin
ateş ettiğini hala anlamıyor
(Nisan 94)*

◆ باسـوشـي آكاشـي لا يزال
يجهل من المعتدي على
المدينة (أبريل ١٩٩٤)

◀ *Bosanci znaju-osuđeni su
na pobjedu
(septembar 96)*

■ *Bosnians know that they
will win (September
1996.)*

● *Boşnaklar galibiyete mahkum
olduklarını biliyorlar (Eylül 96)*

◆ البوسـنـويون يعـرفون أن النصـر حليفـهـم
(سبتمبر ١٩٩٦)

◆ طفل جريح من غوراجده في مستشفى سراييفو (أبريل ١٩٩٤)

● *Saraybosna hastanesinde yaralı Gorajdeli çocuk (Nisan 94)*

■ *Wounded child from Goražde in a Sarajevo hospital (April 1994.)*

▼ *Ranjeno dijete iz Goražda u sarajevskoj bolnici (april 94)*

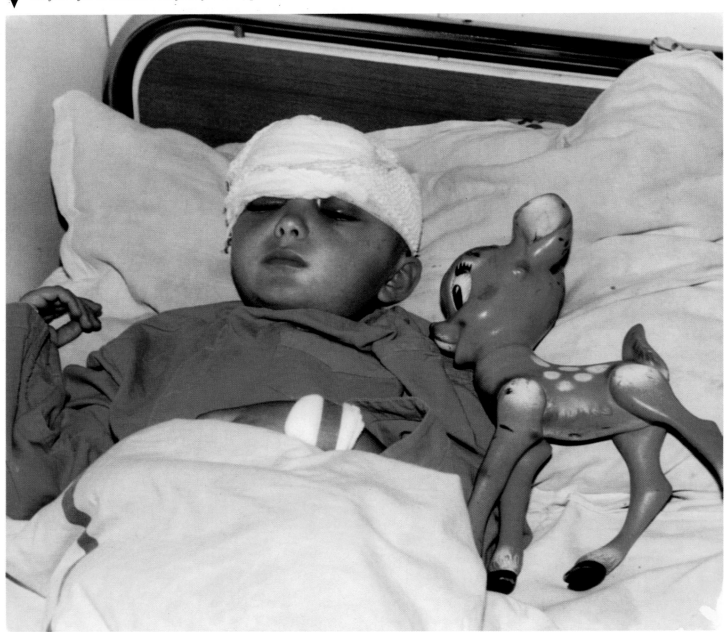

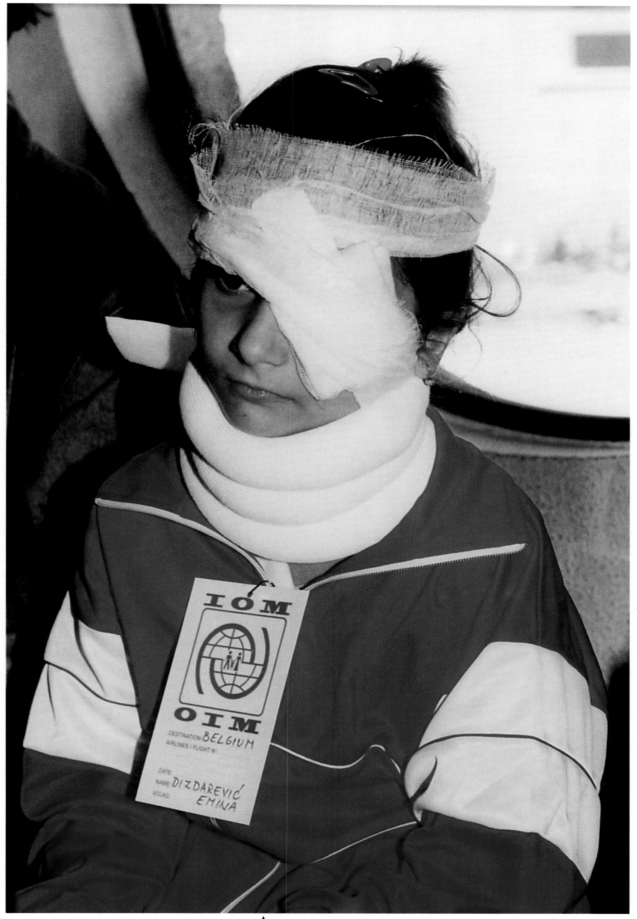

*Emina Dizdarević će, možda, progledati u bolnici
u Belgiji (april 94)* ▲

*Emina Dizdarević has a chance to get back her
sight in Belgium (April 1994.)* ■

*Emina Dizdareviç belki Belçika'da gözlerine
kavuşacak (Nisan 94)* ●

◆ أمينة دزدارفيتش قد تعود لها البصر في المستشفى
في بلجيكا (أبريل ١٩٩٤)

▲ *Arijana Saračević i Sulejman Mulaomerović, reporteri TVBiH, na prvim linijama odbrane grada (proljeće 94)*

■ *Arijana Saračević and Sulejman Mulaomerović, reporters of TVB&H on the first lines of defence of the City (Spring 1994.)*

● *Bosna Hersek televizyonu muhabirleri Ariyana Saraçeviç ile Süleyman Mulaömeroviç Şehir savunmasının ilk cephelerinde (94 İlkbaharı)*

◆ مراسلا تلفزيون البوسنة والهرسك السيدة آريانا سراجفيتش والسيد سليمان ملاعمرفيتش في الخطوط الأمامية للدفاع عن المدينة (ربيع ١٩٩٤)

▲ *Gradska pijaca Markale 93. i 94. godine*
■ *The City's Market place 1993. and 1994.*
● *93 ve 94 senelerinde şehir pazarı Markale*
♦ سوق ماركاله العام سنة ١٩٩٣ و١٩٩٤م.

▲ *Nedovoljno sigurnosti bilo je i kraj Unprofaca (94)*

■ *Security given by UNPROFOR was not enough (1994)*

● *UNPROFOR (Birleşmiş Milletler'in Koruma Güçleri) yanında da güvenlik yetersizdi (1994)*

◆ (١٩٩٤) والد يحمل ابنه وجنود الأم المتحدة يضحكون

▲ *Još jedno novootvoreno greblje - Vrbanjuša (1994)*

■ *Yet another cemetary - Vrbanjuša (1994.)*

● *Yeni açılan bir mezarlık daha - Vrbanyuşa (1994)*

◆ مقبرة من المقابر الجديدة – حي فريانيوشا (١٩٩٤)

◀▲ *Gradski vodovod je presušio - pranje veša na Miljacki (august 94)*

■ *No water at all – Washing of laundry in Miljacka river (August)*

● *Şehrin su tesisatları susuz kaldı - Milyatska'da çamaşır yıkanması (Ağustos 94)*

◆ أنابيب المياه العامة جافة – غسل الملابس في نهر ميلياتسكا (أغسطس ١٩٩٤)

Zahvaljujući njima grad je preživio ▲
(septembar 94)

Because of them the City has survived ◼
(September 1994.)

Onlara şükredilmelidir ki şehir ayakta ●
kaldı. (Eylül 94)

◆ بفضلهم بقيت المدينة على قيد الحياة
(سبتمبر ١٩٩٤)

Kap vode za kap života ▶
(septembar 94)

A drop of water for a drop of life ■
(September 1994.)

Bir damla hayat için bir damla ●
su... (Eylül 94)

قطرة الماء لقطرة الحياة ◆
(سبتمبر ١٩٩٤)

▲ *Srpski snajperista ubijao je i djecu - groblje*
  Lav (oktobar 94)

■ *The Serb snipershooters killing children as*
  well - Lav Cemetery (October 1994.)

● *Lav mezarlığındaki çocukları da Sırp nişancıları*
  vurdu (Ekim 94)

◆ (١٩٩٤ مقبرة لاف (أكتوبر – قناص صربي يقتل الأطفال كذلك

Ovo je sarajevska svakodnevnica - Dan mrtvih (novembar 94) ▲ ◆

Everyday event in Sarajevo - The Day of the Dead (November 1994.) ■ ◆

Sarabosna'nın günlük yaşantısı - Ölüler günü (Kasım 94) ● ■

هذه من يوميات سراييفو – يوم الموتى (نوفمبر ١٩٩٤) ◆ ▼

◆ قطعوا الأشجار في الحديقة لتجهيز الشوربة – حي
عليباشنو بوليه (ديسمبر ١٩٩٤)

● *Bir tas çorba için parktaki ağaçlar kesildi-Alipaşino Polye*
(Ali Paşa Ovası) (Aralık 94)

■ *People cut the park trees down to cook their soup - Alipašino*
Polje (December 1994.)

▼ *Isijekli park da skuhaju supu-Alipašino Polje (decembar 94)*

Francuski vojnik dežura u Aleji snajpera (mart 95)

A French soldier on duty in the Snipers' Avenue (March 1995.)

Fransız askeri, "Nişancıların Meydanında" nöbet tutuyor (Mart 95)

جندي فرانسي يقوم بنوبته في شارع القناصين (مارس ١٩٩٥)

Predsjednik bosanskog Predsjedništva Alija ▲
Izetbegović odaje počast palim braniteljima
zemlje (mart 95)

President of the Bosnian Presidency Alija ■
Izetbegović pays his respect to killed
defenders of the country (March 1995.)

Bosna Cumhurbaşkanı Aliya İzetbegoviç ●
ülkenin şehit düşen bekçilerine saygı duruşunda
bulunuyor (Mart 95)

◆ الرئيس علي عزتييكفيتش يعبر عن تشريفه للمدافعين
الشهداء (مارس ١٩٩٥)

▲ *Srbi ubijaju i Francuze, zar ne! (april 95)*

■ *Serbs kill French as well, don't they?! (April 1995.)*

● *Sırplar Fransızları da öldürüyorlar, öyle değil mi! (Nisan 95)*

◆ الصرب يقتلون الفرانسيين أيضا. أليس كذلك؟ (أبريل ١٩٩٥)

◀ Srpski snajper tuče centar grada (april 95)

■ Serbian sniper is shooting the centre of the City (April 1995.)

● Srp nişancıları şehir merkezini ateşe tutuyorlar (Nisan 95)

◆ قناصة صربية تضرب مركز المدينة (أبريل ١٩٩٥)

▲ *Avenija snajpera - tužno ime za centar grada (maj 95)*

■ *The Snipers' Avenue - what a sad name for a centre of a City (May 1995.)*

● *Şehir merkezi için acı bir isim – "Nişancılar Meydanı" (Mayıs 95)*

◆ شارع القناصات – اسم حزين لمركز المدينة (مايو ١٩٩٥)

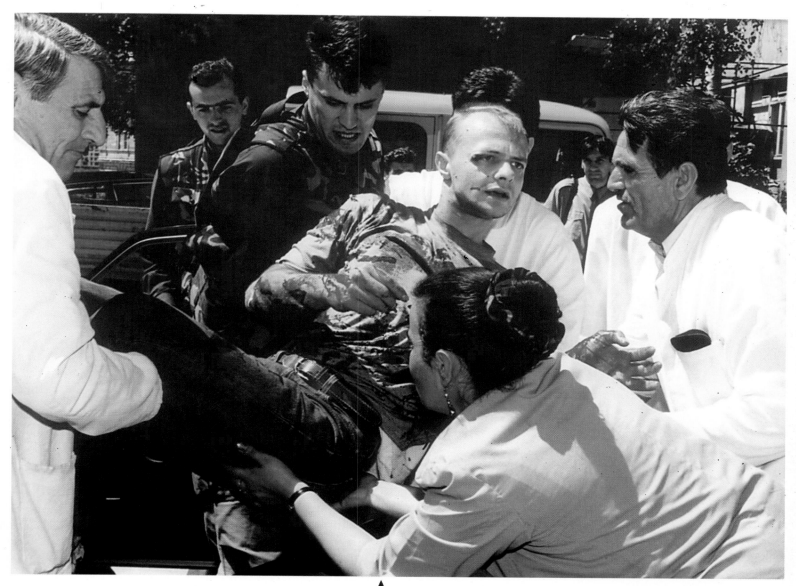

▲ Ljekari Bolnice Koševo spasavaju još jedan život (maj 95)

■ Doctors of the Koševo Hospital are saving one life more (May 1995.)

● Koşevo hastanesinin doktorları bir can daha kurtarıyorlar
(Mayıs 95)

أطباء مستشفى كوشفو ينقذون حياة بعد (مايو ١٩٩٥) ♦

◆ تشييع جندي فرنسي قتله الصرب

● Sırpların öldürdüğü Fransız askerinin uğurlanması

■ Sending off of a French soldier who was killed
by Serbs

▼ Ispraćaj francuskog vojnika, kojeg su ubili Srbi

▲ *Danski vojnici se štite žicom od još živih Sarajlija (juni 95)*

■ *Danish soldiers are protecting themselves with barb wire from the living in Sarajevo (June 1995.)*

● *Danimarka askerleri, hayatta kalan Saraybosnalılardan kendilerini tellerle koruyorlar (Haziran 95)*

◆ جنود دنماركيون يحمون أنفسهم بالأسلاك من ظل على قيد الحياة من أهل سرايیفو (بونيو ١٩٩٥)

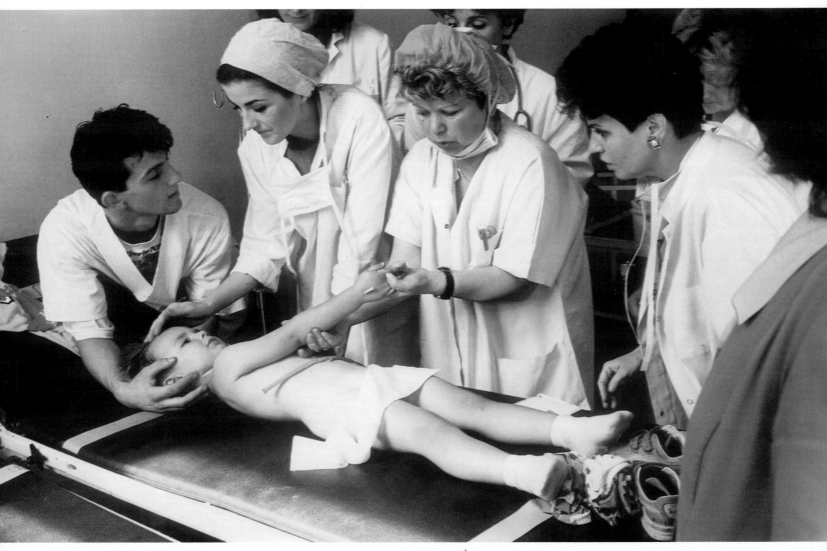

▲ *Još jednom djetetu spašen je život – Bolnica Koševo (1995)*

■ *Life of one more child is saved – Koševo Hospital (95)*

● *Bir çocuğun daha hayatını kurtardılar - Koşevo hastanesi*

إنقاذ الحياة لطفل بعد – مستشفى كوشفو (١٩٩٥) ♦

◆ لا يمكن إزالة آثار الدم حتى بهذه الوسيلة (يونيو ١٩٩٥)

● *Kan izleri bununla yıkanamazdır (Haziran 95)*

■ *Traces of blood cannot be washed this way (June 1995.)*

▼ *Tragovi krvi ne mogu se ni ovim oprati (juni 95)*

▲ *Transport ranjenih civila (1995)*

■ *Transportation of the wounded civilians (1995.)*

● *Yaralı siviller panzeri (1995)*

♦ نقل مدنيين جرحى (١٩٩٥)

◆ ألا يزال هناك من أحياء؟ (أغسطوس ١٩٩٥)

● *Hala hayatta kalan var mı? (Ağustos 95)*

■ *Is there anyone alive?! (August 1995.)*

▼ *Zar još ima živih? (august 95)*

▲ *Ukrajinski "protusnajperski" transporter (1995)*

■ *Ukrainian "anti-sniper" transporter (1995.)*

● *Ukrayna "nişansavar" tankı (1995)*

◆ ناقلة أوكراينية مضادة للقناصات (١٩٩٥)

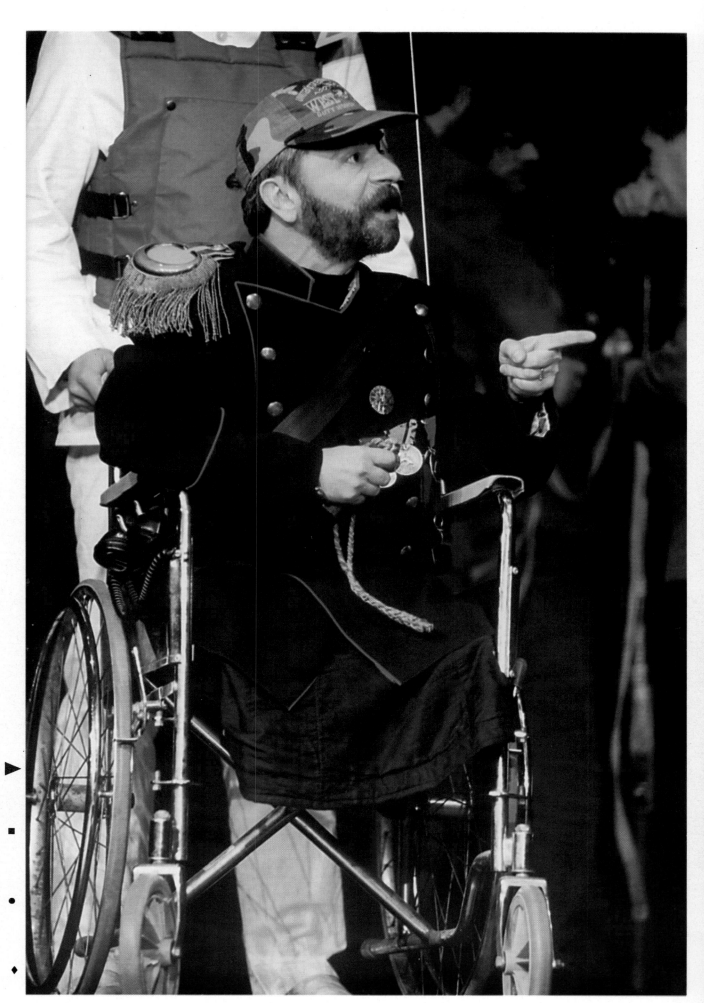

I poslije teškog ranjavanja vratio se teatru- glumac Nermin Tulić (ljeto 95)

Although heavily wounded, he plays his role, an actor Nermin Tulic (summer 1993.)

Ağır yaralandıktan sonra bile tiyatroya dönmüştür – aktör Nermin Tuliç (95 Yazı)

السيد نرمين توليتش فاقد كلتي ساقيه – ممثل يلعب دوره وهو

▲ *Susret živih i mrtvih… (septembar 95)*

■ *A meeting of the living and the dead ... (September 1995.)*

● *Ölülerin ve dirilerin buluşması... (Eylül 95)*

◆ التقاء الأحياء والأموات... (سبتمبر ١٩٩٥)

Snage za brzu intervenciju u okolici grada (septembar 95) ▶

Forces for Rapid Interventions are in the surroundings of the City (September 1995.) ■

Şehrin etrafında acil müdahale kuvvetleri (Eylül 95) ●

◆ القوات للتدخل السريع في ضواحي المدينة (سبتمبر ١٩٩٥)

Svijeće za mrtve i "čuvar mira" na groblju Stup (1995) ►

Some candles for the dead and a "peacekeeper" on the Stup cemetery (1995.) ■

Stup mezarlığında, ölüler için mumlar ve Barış Koruyucusu (1995) ●

♦ شمعات للموتى و"حرس السلام" في حي ستوب (١٩٩٥)

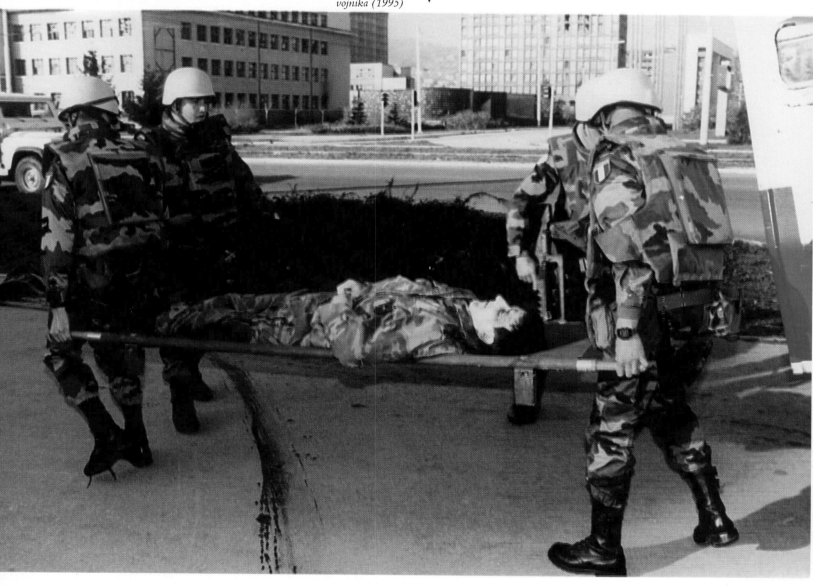

تشييع بدلا من الحماية - جنود فرانسيون يحملون جنديا بوسنويا قتيلا (١٩٩٥) ◆

*Koruyacaklarına gömdüler-Fransız askerleri, öldürülmüş
Bosnalı askerleri taşıyorlar (1995)* ●

*Instead of protection, French soldiers were burring Sarajevo citizens -
dead Bosnian soldier carried by French soldiers (1995.)* ■

*Nisu štitili nego sahranjivali-francuski vojnici nose mrtvog bosanskog
vojnika (1995)* ▼

▲ *Vlado Šantić, borac Armije RBiH, u očevu zagrljaju, nakon razmjene (oktobar 95)*

■ *Vlado Šantić, a soldier of the Army, in his father's hug, after the exchange of war prisoners (October 1995.)*

● *Vlado Šantiç - Bosna Hersek Ordusu askeri, esir değişiminden sonra babasına kavuşması (Ekim 95)*

◆ السيد فلادو شانتيتش، جندي الجيش البوسنوي، بين زراعي أبيه بعد إجراء عملية تبادل الأسرى (أكتوبر ١٩٩٥)

▲ *Stigao IFOR-američki vojnici na Aerodromu (početak 96)*

■ *Arrival of IFOR troops – American soldiers at the Airport (beginning of 1996.)*

● *IFOR-Amerikan askerleri havaalanına geldiler (96 başı)*

وصول جنود IFOR – جنود أمريكان في المطار (بداية ١٩٩٦) ♦

▲ *Luksemburški vojnik u službi mira (februar 96)*

■ *A soldier from Luxembourg serves to the Peace (February 1996.)*

● *Lüksemburg askeri Barış görevi başında (Şubat 96)*

◆ جندي من لوكسمبورج في خدمة السلام (فبراير ١٩٩٦)

▲ *U izgorjeloj Vijećnici - plakati...(april 96)*

■ *Posters on the walls of the burnt down Vijećnica (the former City Hall) (April 1996.)*

● *Yanmış (Milli Kütüphane) Viyeçnitsa'da - afişler...(Nisan 96)*

◆ في مبنى فيتشنيتسا المحروق (أبريل ١٩٩٦)

▲ *Za herojima majke plaču.*
(maj 96)

■ *They gave their lives for Bosnia, but their*
mother's heart is full of pain (May 1996.)

● *Şehit düşen gaziler ardından anneler ağlar (Mayıs 96)*

الأمهات يبكين على الأبطال (مايو ١٩٩٦) ♦

*Ubijeni 92.
sahranjeni 96,
Vogošća
(juli 96)*

■ *Civilians killed in
1992 are burried
only after the war -
Vogošća (July 1996.)*

● *1992'de öldürülen insanların cesetleri 1996'da toprağa
verildi - Vogošça (Temmuz 96)*

◆ من قتلى السنة ١٩٩٢ منبوشين سنة ١٩٩٦ في فوغوشتا (يوليو ١٩٩٦)

▲ *Dženaze i nakon rata - ubijeni 92. ekshumirani 96. (juli 96)*

■ *Post - war funerals of those killed in 1992 and exhuminated in 1996 (July 1996.)*

● *Savaştan sonra bile cennaze törenleri – 1992.öldürülen insanların cesetleri,*
1996'da toplu mezarlıklardan çıkartıldı (Temmuz 96)

♦ جنائز بعد انتهاء الحرب – من قتلى سنة ١٩٩٢ منبوشين سنة ١٩٩٦ (يوليو ١٩٩٦)

NATO je stigao u Bosnu (1996) ▲

NATO arrived in Bosnia (1996.) ▪

NATO Bosna'ya geldi (1996) ●

◆ قوات الحلف الأطلسي وصلت إلى البوسنة (١٩٩٦)

◆ جنود إيطاليون يقومون بالنوبة في حي ستوب
(سبتمبر ١٩٩٦)

● İtalyan askerleri Stup'ta nöbet tutuyorlar
(Eylül 96)

■ Italian soldiers on duty in Stup
(September 1996.)

▼ Italijanski vojnici dežuraju na Stupu
(septembar 96)

▲ *Amerikanci dolaze…(1996)*

■ *Americans are coming... (1996.)*

● *Amerikalilar geliyor ...(1996)*

◆ الأمريكيون واصلون... (١٩٩٦)

*Mir i golubovi na
Baščaršiji (1997)* ▶

*Peace and pigeons on
Baš-čaršija (1997.)* ■

Başçarşı'da barış ve güvercinler (1996) ●

◆ السـلام والحمام في حـي باشـجارشـيه (١٩٩٧)

◆ البابا في سراييفو والحرس إيطالي (مارس ١٩٩٧)

● *Papa Saraybosna'da, İtaliyan askerinin koruması altında (Mart 97)*

■ *The Pope is coming to Sarajevo, protected by an Italian soldier (march 1997.)*

▼ *Papa u Sarajevu, pod zaštitom talijanskog vojnika (mart 97)*

♦ ظلال الحرب على حيطان الحي عليباشنو بوليه (يوليو ١٩٩٧)

● *Alipaşino Polye'nin duvarlarında savaşın gölgeleri (Temmuz 97)*

■ *Shadows of the war on walls in Alipašino Polje (July 1997.)*

▼ *Sjene rata na zidovima Alipašinog Polja (juli 97)*

◆ آخر ابتسامة الأميرة الموجهة للبوسنة (أغسطوس ١٩٩٧)

● *Prenses Diana ve biraz tebessüm... (Ağustos 97)*

■ *Princess Diana's last smile to Bosnia... (August 1997.)*

▼ *Posljednji princezin osmjeh upućen Bosni (august 97)*

◆ أم من أمهات سربرنيتسا تبحث عن ابنها القتيل (١٩٩٧)

● *Kaybolup aranan Srebrenitsalıların ümidi kaybolunmaz (1997)*

■ *The hope for the missing men from Srebrenica still exists (1997.)*

▼ *Nada za nestalim Srebraničnima se ne gubi (1997)*

▲ *Svijet voli Sarajevo. Grupa U-2 na stadionu Koševo (septembar 97)*

■ *The World loves Sarajevo – U2 at the Koševo Stadium (September 1997.)*

● *Dünya Sarabosna'yı seviyor, "U-2" grubu Koşevo   Stadyumunda (Eylül 97)*

العالم يحب سرايبفو – الفرقة الموسيقية 2-U في ملعب كوشفو (سبتمبر ١٩٩٧) ♦

▲ *Bill Clinton, predsjednik USA, sa porodicom u Sarajevu (22.12.97)*

■ *Bill Clinton, president of USA, with his family in Sarajevo (12/22/97)*

● *ABD Cumhurbaşkanı Bill Clinton, ailesiyle Saraybosna'da (22. 12. 1997)*

◆ رئيس الولايات الأمريكية المتحدة بيل كلينتون مع عائلته في سراييفو (١٩٩٧/١٢/٢٢)

FEHIM DEMIR
BIOGRAFIJA

Čovjek koji govori fotografijama, zaustavljenim trenucima vremena, povijesti čak, neće o sebi. On zbori okom, srcem i nešto malo aparatom.

To su šare njegova djetinjstva iz kamena i sunca, šume i potoka. Tišine Vranovine podno Jahorine. Krupan glas oca. I nježnost matere zaturene bremom. Jabuke, crvene i krupne, iz bašče, i miris dunje u majčinoj sehari.

Sve je to Demir upleo u serdžadu svojih snova i tka i danas. Te šare nježne, on zove slikama. Fotkama. Životom. Kad korača po zemlji Bosni, on je tih kao san i pažljiv poput mlade. A napet kao lovac koji čuči u grabi. Čeka svoj trenutak ljepote. Ili bola, svejedno. Ionako će svu ljubav proliti kroz objektiv. Otkinuti je pomalo iz srca i ostaviti na filmu. Na papiru. I evo u knjizi, aferim.

Red je, a i Bog zapovijeda i ljudi traže, da reknem kako je rođen 3. marta '59. u Galjevoj Njivi pokraj Sarajeva, kako je svršio školu za fotografe, pa došao u "Oslobođenje" gdje je imao učiti od dobrih majstora, što je zdušno i radio. Pa je putovao, volio je sretati onaj svoj rodni kamen i sunce i sjene paprati, i ružno i lijepo. Dobio je najveću nagradu "Oslobođenja" - "30. avgust", te dva puta ponio priznanje   Saveza novinara BiH za najboljeg bosanskog fotoreportera. Jer je za nijansu bio bolji od najboljih.

Nije mnogo izlagao. Voli čovjek perfekciju. Nešto malo vani i samo jedna samostalna u zemlji (druga će biti s ovom knjigom).

Ali ga zato pamte sve naslovne strane najuglednijih svjetskih novina i časopisa: The Independent, New York Times, Herald Tribune, The Guardian, The Time, Frankfurter Allgemeine Zeitung, Der Spiegel, Hurriet, Liberation, Le Figaro, Coriera d' la Serra itd. I domaćih, nego. Neću slagati ni mrvu, ako kažem da danas slovi za ponajboljeg evropskog fotoreportera! Danas je zaposlen u European Press Agency - Frankfurt na Majni.

I drago mi je što ga znam, što sam s njim, na neki način, pekao taj njegov sjajni zanat. Kojeg voli kao i sebe sama.

Fehim Demir je sa rodne grude ponio dragocjeni Božiji dar, talenat, da vidi i osjeti. I baš sam sretan da je to cijelom svijetu pokazao i dokazao. Samo kad bi još malo više knjiga i izložbi napravio, pa da ostane još trajnije. Trebat će nekome kasnije, da lista i uči.

A čovjekovo je da iza sebe ostavi traga. Stvaralačkog. I po Božijem i po ljudskom zakonu. Samo tako je pravo. I Stvoritelju drago. A nama, koji smo prolazni, da zaustavimo načas trajanje. Kao san, makar.

Ramo Kolar

FEHIM DEMIR
AUTHOR'S BIOGRAPHY

The Man who speaks through his photographs, stops the time and captures the moments of history, does not want to talk about himself. He speaks through his eyes, his heart and just a little bit through his camera.

These three things are the threads from his childhood: stone and sun, forest and brook. Silence of Vranovina under Jahorina Mountain. Deep voice of his Father. Tenderness of his Mother, burdened with pails. Big, red apples from the garden and perfume of quince in Mother's chest.

All these memories are imbued in the quilt of Demir's dream, and even now, he is still weaving his quilt. He says that all these fragile threads are pictures. Photos. Life. He walks all around Bosnia silently, like in a dream and he is careful like a bride. At the same time, he is tensed like a hunter who is hidden in a ditch. He is waiting to feel the Beauty. Or the Pain, it does not matter. He is going to pour all his love through the optical lenses anyway. He will tear it off from his heart and print it onto the film. And onto the paper.And here it is. In this book, Bravo!

I should write (because God and people want me to) that He was born on March 3,1959. in Galjeva Njiva, suburb of Sarajevo; that he completed the secondary school for photo art, came to "Oslobođenje" daily, where he could learn from the best. He liked to travel and to run across the stones of his homeland, to meet the Sun, shadows of bot ferns, to see the Beautiful and to see the Ugly. "Oslobođenje" gave him it's highest award "30th of August" and he was declared as the best press photographer in Bosnia and Herzegovina by B-H Journalists' Union on two ocassions. Among the best ones, he was the best.

He has not made many exhibitions. The man does like perfection. Few exhibitions abroad and only one in his homeland. The second exhibition is contained in this book.

But, his photos have been published on front pages of the most respected newspapers and magazines all over the World: The Independent, New York Times, Herald Tribune, The Guardian, The Time, Frankfurter Allgemeine Zeitung, Der Spiegel, Hurriet, Liberation, Le Figaro, Coriera d' la Serra, etc. I will not lie at all if I say that today he can be declared as the best press photographer in Europe. Now he is employed by the European Press Agency - Frankfurt an Mein.

I am glad to know him, to learn from him something about his wonderful occupation, which he loves as life itself.

Fehim Demir has brought from his native district the most precious God's Gift: the talent to see and to feel. I am very happy indeed - pleased because he showed and proved his values to the whole World. I would like him to make more books and exhibitions, so his work can last and last. Later on, someone will need these to see and to learn from.

The task given by God and people says that each human being has to leave some traces. To leave his or her opus. Only that is Right. Then the Lord Creator is pleased, as well. And we, the temporal beings, always wish to stop the Contiuity of time at least for a moment. To stop it as a dream, at least.

Ramo Kolar

FOTOĞRAF - FEHİM DEMİR
YAPIMCI HAKKINDA

Dondurulmuş zaman dilimlerini ve tarihi, fotoğraflarla konuşturan insan. O gözüyle, kalbiyle ve biraz da makinasıyla konuşuyor. Bunlar, onun çocukluğunda gördüğü, yaşadığı taşın, toprağın, güneşin, ormanın ve derelerin izleri, kalıntıları. Yahorina Dağı eteklerindeki Vranovina'nın sessizliği. Babasının kalın sesi. Ağır yükü omuzlarında taşıyan ananın şefkati. Ananın heybesinde bahçeden toplanmış kırmızı ve iri elmalar. Ayva kokusu.

Demir tüm bunları hayallerinde yaşamış ve bugün de yaşatmaya devam ediyor. Bu zarif çizgileri o, resim olarak adlandırıyor. Fotoğraflar. Hayat. O Bosna topraklarını arşınlarken, rüya kadar sessiz ve yeni gelin kadar dikkatli. Öte yandan tetikte avını bekleyen avcı kadar gergin. Güzel veya acı anı bekliyor. Sonuç olarak tüm sevgisini objektife aktaracak. Gönlündekileri filme, kağıda yansıtacak. Ve işte! Şimdi de kitapta yer alacak. Aferin doğrusu! Belki insanlar merak ederler, Allah da böyle yazmış. 03.Mart. 1959 da /Saraybosna yakınlarındaki/ Galevo Nyiva'da dünyaya gelmiş. Fotoğrafçılık okulunu bitirdikten sonra, "Oslobocenye" (Kurtuluş) gazetesine gelip, değerli ustalardan değerli bilgiler edinip, canla başla çalışmaya başlamış. Sürekli seyahat halinde. Taşıyla, toprağıyla, güneşiyle, doğasıyla, güzellik ve çirkinlikleriyle doğduğu yeri gezip, görmeyi seviyor. "Oslobocenye"nin (Kurtuluş) en büyük ödülü olan "30 Ağustos" ödülüne, ardından da iki kez Bosna Hersek Gazeteciler Cemiyeti'nin en iyi fotoğrafçı ödülüne layık görüldü. Az bir farkla da olsa iyilerin arasında en iyisiydi. Çok fazla sergi açmadı. Her zaman için mükemmelin arayışı içinde. Birkaç tane yurtdışında, bir kez de ülkesinde şahsi sergisi açıldı. (Bu kitap ikincisi olacak). Ancak, fotoğrafları en tanınmış dünya gazete ve dergilerin kapaklarında yer aldı. The Independent, New York Times, Herald Tribune, The Guardian, The Time, Frankfurter Allgemeine Zeitung, Der Spiegel, Hürriyet, Liberation, Le Figaro, Coriera d'la Serra gibi. Ve tabii ki bunlara yerli gazeteler de dahil. Bugün Fehim Demir'in Avrupa'nın en iyi fotoğrafçısı olduğunu söylersem, hiç de abartmış olmam. Kendisi şu anda Frankfurt-Mayna'daki European Press Agency'de çalışıyor. Kendisinde emin olduğumu bir şey daha var ki, o da sanatını tam manasıyla özümsediğidir.

Kendini sevdiği kadar mesleğini de seviyor.

Fehim Demir Allah'ın kendisine bahşettiği kabiliyete doğduğu yerde sahip olmuş. O bunu görüyor ve hissediyor.

Bunu da dünyaya gösterdiği ve ispat ettiği için mutluyum. Ancak baki kalabilmesi için biraz daha çok kitabın basılması ve serginin açılması gerekir. Ondan sonraki nesillerin, kendisinin bu bilgilerinden faydalanabilmeleri için buna ihtiyaç var.

İnsanın arkasından birtakım izler bırakması gerekir. Yaratıcı izler. Bu hem Allah'ın hem de insanların kanunlarına göre böyledir. Ve doğru olan budur, Allah katında da makbul olanıdır. Bu dünyadan gelip geçecek olan bizler, bir an için zamanı durduralım. Hayal görür gibi...

Ramo Kolar

فهيم دمير – السيرة

رجل يتكلم بالصور الفوتوغرافية. باللحظات الموقفة من الزمن. بل بالماضي. لا يتكلم عن نفسه. إنه يتكلم بالعين والقلب وشيئا ما بآلة التصوير.

تلك خطوط طفولته من الحجر والشمس. من الغابة والجدول. من سكينة قرية فرانوفينا من سفوح جبل ياهورينا. صوت غليظ لأبيه. ورقة الأم المحمولة بعبء ثقيل. تفاحة كبيرة حمراء من البستان ورائحة سفرجلة في ذخارة الأم.

نسج السيد فهيم دمير هذا كله في سجادة أحلامه ولا يزال ينسج. وتلك الخطوط النحيفة يقول عليها صور. أو يقول حياة. حينما يخطو في بلاد البوسنة فهو يخطو بخفة الحلم وحذر العروس. ويتوتر بتوتر الصياد المتقبع بين الأشجار. ينتظر لحظة جمال له. أو ألم. على السواء. ففي كلتي حالتين سيصب كل حبه من خلال عدسة آلته. يقطف بعضه من قلبه ويضعه على الفيلم. على الورق. وها هو ذا في كتاب. مبروك.

من العادة في مثل هذه الحالات أن يذكر... أنه ولد في الثالث من مارس سنة ١٩٥٩م في غاليفا نييفا بجنب سراييفو. أنهى دراسات التصوير الفوتوغرافي. ثم جاء إلى "أوسلوبوجيني" حيث يمكن فيها التعلم من كثير من المحترفين المهرة. وبالفعل تعلم كثيرا وبسرعة. ثم سافر. وقد سره أن يلتقي بالحجر من طفولته والشمس وظلال أشجار البطارس. بالسيئ والحسن. تلقى أعلى جائزة "أوسلوبوجيني" – "٣٠ أغستس". كما حمل مرتين لقب أفضل مصور صحفي في البوسنة والهرسك والذي تعطيه رابطة الصحفيين. لأنه كان دائما خيرا من خيرهم بدرجة.

نظرا لأنه لا يحب الكمال لم يعرض كثيرا. بعض شيئ في الخارج ومعرض واحد فقط في الداخل (وسيكون الثاني مع هذا الكتاب).

إلا أن تحفظه صفحات الغلاف لأشهر الصحف والمجلات في العالم من أمثال The Independent, New York Times, Herald Tribune, The Guardian, The Time, Frankfurter Allgemeine Zeitung, Der Spiegel, Hurriet, Liberation, Le Figaro, Coriera d' la Serra والخ. وفي الداخل بطبيعة الحال. وليس من المبالغة إن قلت إنه يعتبر اليوم من أفضل المصورين الصحفيين في أوروبا! يشتغل الآن في Euro-pean Press Agency من فرانكفورت.

وتسرني معرفته. كما يسرني كذلك أنني كنت أشاركه بشكل ما في تعلمه لمهنته الرائعة هذه. والتي يحبها كحبه لنفسه.

حمل السيد فهيم دمير من البلد الذي ولد فيه هبة ثمينة وهبها الله له وهي الموهبة. ليرى ويحس. ويسعدني حقا أنه أبدى وأكد ذلك للعالم كله. لكن ليته عمل مزيدا من الكتب والمعارض كي تبقى مدة أطول. فسيأتي بعده من يحتاج إليها. ليتصفح ويتعلم.

وعلى الإنسان أن يخلف خلفه من أثر. أثر بناء. ذلك بموجب القوانين الإلهية والبشرية. والأمر صحيح بهذا الشكل فقط. ومحبوب لدى الخالق. وأما نحن الفانين فحسبنا أن نوقف الزمن للحظة. كحلم على الأقل.

رامو كولار

IKRE

Fond "IKRE" je osnovala Skupština grada Sarajeva 1993. godine u jeku najvećih borbi za odbranu grada. Uvjeti za rad bili su ispod egzistencijalnog minimuma, bez telefona, električne energije, naknade za rad službenika, novčanih sredstava... Cilj osnivanja ovog Fonda bio je jači od agresorskih naleta, pomoći djeci koja su u ratu izgubila jednog ili oba roditelja.

Ustanovljenjem Kantona Sarajevo Fond "IKRE" prerastao je u Kantonalni fond za stipendiranje i školovanje djece poginulih boraca i poginulih civila - žrtava rata.

Za protekle četiri godine Fond je izrastao u respektabilnu i veoma uspješnu organizaciju koja na evidenciji ima oko 6.500 štićenika.

Djelatnost Fonda odvija se kroz sljedeće oblasti:

- STIPENDIRANJE je projekat kojim je obuhvaćeno 2.500 djece a sastoji se u pronalaženju novčanih sredstava za školovanje u zemlji i inozemstvu i traje najmanje jednu godinu.

- USVAJANJE NA DALJINU - je projekat pronalaženja ino- porodica pokrovitelja koje na više načina pomažu štićenicima ili njihovim porodicama. Pomoć se sastoji u mjesečnim novčanim donacijama, odjeći, školskim rekvizitima, obezbjeđivanju ljetovanja i zimovanja te do uzajamnih posjeta. Ovim projektom na daljinu je usvojeno oko 600 djece.

- KLUB TALENATA je projekat kojim se pruža instruktivna pomoć najboljim učenicima u školovanju i razvijanju njihovih prirodnih darovitosti, ali i pomoć slabijim učenicima. Ovaj rad odvija se putem raznih sekcija i kurseva informatike, matematike, engleskog i italijanskog jezika, u sportskim klubovima za nogomet i karate te u folklornom društvu i dramsko-literarnoj sekciji. U Klub talenata uključeno je 952 djece.

- OBRAZOVANJE ŠEHIDSKIH ŽENA vrši se radi osposobljavanja /školovanja/ majki za privređivanje izvan kuće u oblasti tekstila, ugostiteljsko-turističkoj, trgovačkoj i birotehničkoj i drugim djelatnostima. U ovoj godini diplome je dobilo 25 žena.

- ZDRAVSTVENA ZAŠTITA DJECE obuhvata tri oblasti: zubozdravstvenu kojom je do sada obrađeno 150 djece u ambulanti koja je u vidu donacije stigla iz Njemačke, a uskoro se očekuje dobijanje najmodernije zubne ordinacije iz Japana, zatim psihosocijalnu i pomoć djeci-invalidima u nabavci protetskih pomagala i rehabilitaciji te u pronalaženju lijekova i donacija za operativne zahvate. Ovim putem do sada je zbrinuto oko 150 djece.

- EKSKURZIJE - podrazumijevaju odmor i oporavak u sredinama gdje se djeca normalno razvijaju. Do sada su 22 grupe djece /njih oko 1.200/ boravila u italijanskim gradovima Rimu, Veneziji, Peskari, Vicenzi, i L aquili, a jedna grupa od 220 djece boravila je Istanbulu - Turska.

- JEDNOKRATNA POMOĆ - dodjeljuje se po želji donatora najugroženijim porodicama. Do sada je uručeno 1.500 jednokratnih pomoći, dok je na zahtjev ugroženih porodica odobreno 300 jednokratnih pomoći.

- POMOĆ DRUGIMA - podrazumijeva suradnju i zajednički rad sa svim srodnim organizacijama i institucijama, školama i dječijim bolnicama, kako bi socijalnom zaštitom bio obuhvaćem što veći broj djece.

- DODATNO OBRAZOVANJE je projekat stručnog usavršavanja djece u inozemstvu putem praktične nastave u firmama. Do sada je ovom praksom obuhvaćeno 40 učenika dok u proljeće 98. godine još deset učenika odlazi u Vicenzu na usavršavanje.

Fond u suradnji sa donatorima poduzima i druge akcije kojim se obezbjeđuju sredstva za njene štićenike, za što je primjer i ova monografija.

Sve ove aktivnosti vode direktor i sedam specijaliziranih suradnika.

Sjedište Fonda "IKRE" je u Sarajevu, ulica Trampina 12/2.

IKRE

IKRE Foundation was established by The Sarajevo City Assembly in 1993. during the biggest actions in defending of the city. Working conditions were very bad - no telephone, no electric power, no salaries, no money... The goal of establishing of this Fund was stronger than all attacks made by the aggressors. The goal was to help the children who lost one or both parents.

After Sarajevo Canton was established, The Fund changed its name - The Canton's Fund for scholarships and schooling for children of soldiers and civilians killed during the war.

During previous four years The Foundation earned very good reputation. There are 6.500 children who are the final users of The Foundation.

Activities of the Fund are the following:

- SCHOLARSHIPS is the project for 2.500 children, who are receiving financial aid for education in the country and abroad. Duration of the project is at least one year.

- ADOPTION ON DISTANCE is a project within which this Cantonal Fund is looking for patrons from abroad, who can help the children or their families. The aid is consisted of monthly financial aid, cloths, school material and equipment, providing summer and winter vacations and mutual visits of the final users. Approximately 600 children have been adopted up to now.

In THE CLUB OF TALENTS teachers give instructions to the best pupils and support development of their talents, but at the same time, they also help to those pupils who have less success in studying. This Club consists of different sections and courses for computers, Mathematics, English and Italian, teams for soccer and karate, folklore associations and an Acting group. There are 952 members of this Club.

EDUCATION FOR WIVES OF KILLED SOLDIERS - The goal of this project is to teach wives of killed soldiers how to earn money on their own. These women are becoming qualified for work in textile industry, tourism and catering, sales etc. During 1997. 25 women received their diplomas after they had completed their education in the frame of the programme.

HEALTH CARE FOR CHILDREN covers three areas: dental care, which helped 150 children up to now in the clinic donated by Germany (we expect to receive dental clinic from Japan very soon), psycho-social aid to children who have been disabled during the war, aid in prosthesis and rehabilitation, in providing of proper medicine for them as well as providing donations for operations. This programme already helped 150 children.

EXCURSION - The goal of excursions is to provide some rest and recovery in environments where children have all postulates for normal development. Up to now, 1.200 children (divided into 22 groups) visited Rome, Venice, Pescara, Vicenza and L' Aquilla, and 220 children spent some time in Istanbul, Turkey.

SINGLE AID is distributed to the poorest families in accordance with donators' wishes. Up to now, IKRE provided 1.500 individual financial aids and 300 more were approved, for low income families.

ASSISTANCE FOR THE OTHERS covers co-operation with similar organisations and institutions, with schools and hospitals for children, so the number of children who enjoy this social care programme can be as high as possible.

ADDITIONAL EDUCATION covers practical lessons for the children in some foreign private companies. Up to now, this programme included 40 pupils and ten more pupils are expected to go for their additional education in Vicenza during spring 1998.

The Foundation, together with donators, implements some actions which would also provide financial aid for the final users. This monograph is just one of many of these actions.

All activities are led and implemented by the Manager and seven specialised co-operators.

The headquarters of the Foundation IKRE is in Sarajevo, Trampina Street 12/2.

İKRE

Şehrin savunulduğu en şiddetli dönem 1993. senesinde Saraybosna Meclisi "İKRE" Fonu'nu kurdu. Ancak çalışma şartları çok kötüydü. Telefon, elektrik, memur maaşı ve maddi imkânlarımız yoktu.... Ancak bu Fon'un kurulmasındaki amaç, saldırganın saldırısından daha da güçlüydü. Amaç ebeveynlerinden bir veya ikisini kaybetmiş çocuklara yardım eli uzatmaktı. Saraybosna Kanton olduktan sonra "İKRE" Fonu da, Saraybosna Kantonu Şehit Asker ve Sivillerin Çocuklarına Burs verme ve Eğitim Fonu olarak Saraybosna Kantonu Belediyesi'ne bağlandı.

Son dört yılda Fon büyük itibar kazandı ve başarılı oldu. Şu anda halen, himayesinde 6500 çocuk var.
Fon'un faaliyetleri şunlar:

-BURS VERME - Bu proje 2500 çocuğu kapsıyor. Ülkemizde veya yurtdışında en az bir sene boyunca, burs verebilmek için maddi imkanlar araştırılıyor.

-UZAKTAN EVLAT EDİNME - Himayemizdeki çocuklara ve onların ailelerine yardım edebilecek aileler bulunuyor. Bu yardımlar, aylık maddi yardım, giysi, okul ihtiyaçları, yaz ve kış tatilleri, karşılıklı ziyaretler gibi çeşitli şekillerde gerçekleştiriliyor.

-YETENEKLİLER KULÜBÜ - Başarılı, aynı zamanda da zayıf olan öğrencilere eğitim veriliyor ve yeteneklerinin daha da gelişmesi sağlanıyor. Bu eğitim bilgisayar, matematik, ingilizce ve italyanca kursları, futbol, karate, foklor ve tiyatro faaliyetleri şeklinde gerçekleştiriliyor. Bu Kulübün 952 çocuk üyesi var.

-ŞEHİT HANIMLARININ EĞİTİMİ - Annelerin tekstil, turizm, ticaret, büro işleri ve diğer alanlarda eğitimi sağlanıyor. Bu sene 25 kadın diploma almaya hak kazandı.

-ÇOCUKLARA SAĞLIK YARDIMI - Bu proje üç bölümden oluşuyor: Birincisi - diş sağlığı. Almanya'dan gelen diş teçhizatı sayesinde, şimdiye kadar 150 çocuk tedavi gördü. Yakın zamanda Japonya'dan da en modern diş teçhizatının gelmesi bekleniyor.
Diğerleri ise psiko-sosyal yardım ve sakat çocuklara protez ve ilaç temini, rehabilitasyon ve ameliyatları için gerekli maddi imkanın temin edilmesi. Şimdiye kadar 150 çocuğa yardım edildi.

-GEZİLER - Çocukların ruh sağlığına kavuşabilmeleri için tatil imkanı sağlanması. Şimdiye kadar 22 guruptan oluşan 1200 çocuk İtalya'nın Roma, Venedik, Peskara, Viçenze ve L'Aquilla gibi şehirlerine, 220 çocuk da İstanbul - Türkiye'ye tatile gittiler.

-BİR DEFALIK YARDIM - Yardım yapan şahsın isteğine göre, en mağdur durumdaki ailelere yapılıyor. Şimdiye kadar bu tip, 1500 yardım gönderildi. Bize başvuran bu durumdaki ailelerin dilekçeleri değerlendirildi ve 300 yardıma karar verildi.

-BAŞKALARINA YARDIM - Daha fazla çocuğun yardım görebilmesi için diğer organizasyon, kurum, kuruluş, okullar ve çocuk hastaneleriyle işbirliğini kapsıyor.

-EK EĞİTİM - Çocukların mesleki alanda yurtdışındaki, meslekleriyle ilgili firmalarda staj görmeleri amaçlanıyor. Şimdiye kadar 40 çocuk bu eğitime tabi tutuldu. 1998. İlkbaharında on çocuk daha İtalya'nın Viçenze şehrine gönderilecek.
Fona yardım edenlerin katkılarıyla, himayesindeki çocuklara, farklı faaliyetlerle, maddi imkanlar sağlanıyor. İşte bu monografi kitabı da buna bir örnek teşkil ediyor.

Tüm bu çalışmalar bir müdür ve deneyimli yedi kişilik kadroyla gerçekleştiriliyor. "İKRE" Fonu'nun merkezi Ulica Trampina (Trampina Sokağı) 12/2, Saraybosna, Bosna Hersek adresinde bulunmaktadır.

اقرأ

أسس الصندوق "اقرأ" مجلس مـدينة سرايـيفو سـنة ١٩٩٣م والمعارك للدفـاع عن المدينة في أوجهـا. كانت ظروف العمل لا تبلغ أدنى مستوى المعيشة – العمل بلا هاتف ولا كهرباء بلا مقابل ولا أية أموال نقدية وغير نقدية... لكن الغرض من تأسيس الصندوق كـان أهم وأقوى من هجمات العـدو – مساعدة الأطفال الذين فقدوا في الحرب أحد والديهم أو كليهما.

بالتغييرات في التنظيم الإداري حُول الصندوق "اقرأ" في الصندوق الإقليمي للمنح الدراسية لأطفال الشهداء وضحايا الحرب من المدنيين.

خلال السنوات الأربع الماضية تطور الصندوق وأصبح مؤسسة معتبرة وناجحة جدا في سجلها ٦٫٥٠٠ عيل.

يجري عمل الصندوق في المجالات التالية:

– تقديم للمنح الدراسية وهو مشروع يضم ٢٫٥٠٠ طفل حيث يتم توفير الأموال النقدية وتخصيصها للمنح الدراسية في الداخل والخارج ولا تقل مدتها عن سنة واحدة.

– التبني من بعيد وهو مشروع يقصد به البحث عـن عائلات كفيلة تساعد الأطفال وعـائلاتهم بأشكال مختلفة مثل المعاشات النقدية الشهرية والملابس والأدوات المدرسية وتمويل التصييف والتشتية وتبادل الزيارات. وبهذه الطريقة تم تبني حوالي ٦٠٠ طفل.

– نادي لذوي المواهب مشروع تقدم عن طريقه المساعدة التعليمية والتدريبية للممتازين من الطلبة والضعفاء منهم كذلك. تجري نشاطات هذا المشروع من خلال الدورات والفرق الفنية والرياضية المختلفة. ويشمل النادي لذوي المواهب ٩٥٢ طفل.

– تعليم زوجات الشهداء مشروع يتم عن طريقه تأهيل النساء لكثير من المهن الملائمة لهن مثل الخياطة والتطريز والطبخ والتجارة وغيرها. وفي هذه السنة تلقت الشهادة ٢٥ امرأة.

– الحماية الصحية للأطفال مشروع يضم ثلاثة مجالات. أولها طب الأسنان حيث تمت معالجة ١٥٠ طفلا في المستوصف المتبرع لنا به من ألمانيا ومن المتوقع أن تصلنا قريبا المعدات الحديثة لطب الأسنان من اليابان. ثانيها مجال الطب الاجتماعي النفساني والثالث مساعدة المعاقين من الأطفال بتوفير الأعضاء الصناعية لأبدانهم وجمع الأموال اللازمة لإجراء العمليات الجراحية. وبهـذه الطريقة تم إيواء حوالي ١٥٠ طفلا.

– السفرات مشروع يشمل تنظيم الزيارات والإقامة في أماكن ملائمة لراحة الأطفال وقد نظم لحد الآن ٢٢ سفرة (حوالي ١٫٢٠٠ طفل) للمدن الإيطالية روما والبندقية وبيسكارا وفيجينسا ولاقولي وسفرة واحدة لاسطنبول – تركيا ضمت ٢٢٠ طفلا.

– للمساعدة دفعة واحدة تمنح حسب رغبة المتبرع لأشد العائلات حاجة وفقرا. وقد منح لحد الآن ١٫٥٠٠ منحة من هذا النوع. بينما تمت الموافقة على ٣٠٠ منحة أخرى بناء على طلب العائلات الفقيرة.

– مساعدة الآخرين مشروع يقصد به التعاون والعمل المشترك مع كل المؤسسات والمنظمات الخيرية والإنسانية. ثم المدارس ومستشفيات الأطفال كي تضم الكفالة الاجتماعية أكثر عدد مكن من الأطفال.

– التعليم الإضافي مشروع التأهيل المهني للشباب في الخارج وذلك بممارسة الدراسة العملية والتدريب في الشركات. وقد ضم هذا المشروع لحد الآن ٤٠ طالبا بينما ينهب في ربيع السنة ١٩٩٨م عشرة طلاب آخرين إلى فيجينسا للتخصص.

يمارس الصندوق بالتعاون مع المتبرعين نشاطات أخرى من شأنها توفير الوسائل والأموال لصالح الأطفال ومن ضمنها هذه المونوغرافية.

كل هذه النشاطات يديرها المدير وسبعة مساعديه المتخصصين.

مقر الصندوق "اقرأ" في سراييفو. شارع ترامبينا ٢/١٢.

I. P. A. B.

I.P.A.B. - Istituzioni Pubbliche di Assistenza e Beneficenza di Vicenza je javna organizacija koja djeluje na području socijalne zaštite i pomoći u okvirima Statuta organizacije. Pomoć se pruža, kako starim osobama, što preovladava, tako i maloljetnim štićenicima.

Organizacijom rukovodi Administrativni savjet koji ima sedam članova koje imenuje Gradonačelnik Vicenze.

Sjedište I.P.A.B. je u ulici S. Pietro 60 u Vicenzi.

I. P. A. B.

I.P.A.B. - Istituzoini Pubbliche di Assistenza e Beneficenza di Vicenzza is public organisation which works in the area of social care and aid in the frame of the Bylaws of the organisation. The aid is given to elders and, more often to children. The Organisation is headed by the Administrative Council. The Mayor of Vicenza appoints all seven members of the Council.

The settlement of I.P.A.B is in S. Pietro Street 60 in Vicenzza.

I. P. A. B.

I.P.A.B. Istituzioni Pubbliche di Assistenza e Beneficenza di Vicenza, Kuruluş Statüsü çerçevesinde sosyal koruma ve yardımlaşma alanında faaliyetleri gösteren açık bir kuruluştur. Yardım, çoğunlukla olduğu gibi yaşlılara, Kuruluş'un himayesi altında çocuklara verilmektedir.

Teşkilatı, Vicenza Büyükşehir Belediyesi Başkani tarafından tayin edilen yedi üyesinden ibaret olan Administratif Danisma Kurulu yönetmektedir.

I.P.A.B.'in Merkezi şu adreste bulunmaktadir: S. Pietro 60, Vicenza, Italia.

I. P. A. B.

Istituzioni Pubbliche di – I.P.A.B. Assistenza e Beneficenza di Vicenza مؤسسة عامة تعمل في مجال الحماية الاجتماعية والمساعدة في إطار لائحة المؤسسة. تقدم المساعدة لكبار السن وهي الحالة الغالبة كما تقدم أيضا للعيال الصغار.

يدير المؤسسة مجلس إداري مؤلف من سبعة أعضاء يعينهم محافظ مدينة فيجينسا.

مقر مؤسسة .I.P.A.B في فيجينسا – شارع ١٠ S. Pietro

A. N . S. D. I. P. P.

A.N.S.D.I.P.P. je nacionalno udruženje sekretara, direktora i upravitelja državnih i privatnih institucija za socijalnu pomoć. Udruženje je osnovano 18.11.1994. godine. Članovi Udruženja mogu biti direktori i upravitelji administrativnih struktura socijalne pomoći, bilo državne ili privatne.

Predsjednik A.N.S.D.I.P.P. je Gianfranco Nizzardo, upravitelj Centro Residenziale za Anziani Umerto I di Piove di Sacco /PD/.

Sjedište Udruženja je u ulici S. Rocco 10, c/o CRAUP, 35028 Piove di Sacco /PD/ - Italy.

A. N . S. D. I. P. P.

A.N.S.D.I.P.P. is National association of secretaries and managers for state and private institutions for social care. The Association was established on 18th of November 1994. Members of the Associations can be managers and presidents of administrative structures for social aid.

President of A.N.S.D.I.P.P. is Gianfranco Nizzardo, manager of Centro Rezidenziale za Anziani Umerto I di Piove di Sacco /PD/.

Settlement of the Association is in S. Rocco Street 10, c/o CRAUP, 35028 Piove di Sacco /PD/ - Italy.

L'A.N.S.D.I.P.P.

A.N.S.D.I.P.P. devlete ve özel sektore ait sosyal yardım kurumlarında görevli müdur, genel sekreter ve yöneticilerden oluşan Milli bir Dernektir Bu Dernek 18. 11. 1994 tarihinde kurulmustur. Derneğe ancak devlet ve özel sektore ait sosyal yardım-idari işlerinde görevli müdür ve yöneticiler üye olabiliyor.

A.N.S.D.I.P.P. Anziani Umerto/di Piove di Sacco /PD/ ye bağlı Centro Residenziale'nin başkanı Ginnfranco Nizzardo'dur.

Derneğin merkezi S. Rocco 10, c/o CRAUP, 35028 Piove di Sacco /PD/-Italy adresinde bulunmaktadir.

A. N . S. D. I. P. P.

A.N.S.D.I.P.P. رابطة قومية لرؤساء ومدراء المؤسسات الخيرية الأهلية منها والحكومية. أسست الرابطة في ١٩٩٤/١١/١٨م. العضوية في الرابطة مخصصة لرؤساء ومدراء الهيئآت والمؤسسات العاملة في مجال المساعدة الاجتماعية حكومية كانت أم أهلية.

رئيس الرابطة .A.N.S.D.I.P.P جان فرانكو نيزاردو. مدير -Centro Residenzi ale za Anziani Umerto I di Piove di Sacco /PD/.

مقر الرابطة في Italy - 35028 Piove S. Rocco 10, c/ شارع . di Sacco /PD/

o CRAUP

lek Ljubljana

lek kozmetika

LEK PREDSTAVNIŠTVO SARAJEVO, MUVEKITA 11

UVIJEK PRI RUCI
U POŠTI I NA ULICI...

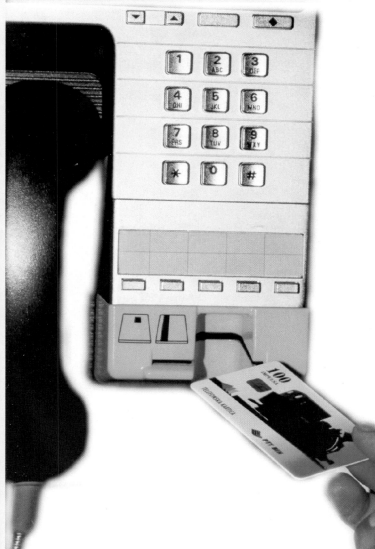

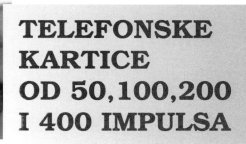

TELEFONSKE KARTICE OD 50,100,200 I 400 IMPULSA

Fehim Demir
TO JE SARAJEVO

IZDAVAČ
"IKRE" - Kantonalni fonda za stipendiranje i školovanje djece poginulih boraca i poginulih civila - žrtava rata, Sarajevo

SUIZDAVAČ
"COMPACT-E",
Publishing House Sarajevo

ZA IZDAVAČA
Enisa Rustempašić,
direktor

PREVODIOCI
Sanja Prohić,
Lejla Ramić-Mesihović /engleski/
Aida Öztürk /turski/
Nurko Karaman /arapski/

LEKTORI
Mina Zukić-Čaušević
/bosanski/
Kadira Hadžić /engleski/
Amina Šiljak Jesenković /turski/
Nurko Karaman /arapski/

RAČUNARSKA OBRADA
Branka Lubovac
Emir Fetahagić
Zilha Muminović
Nurko Karaman

RAČUNARSKA PRIPREMA
ABC Fabulas
DTP studio
"B-H Jornalist"

ŠTAMPA
GRIN Gračanica

ZA ŠTAMPARIJU
Hajrudin Ćudić

TIRAŽ
2.000 primjeraka

Fehim Demir
THIS IS SARAJEVO

PUBLISHER
"IKRE" - Cantonal Foundation for scholarships and schooling of children of killed soldiers and civilians killed during war - Sarajevo

CO-PUBLISHER
"COMPACT-E",
Publishing House Sarajevo

FOR PUBLISHER
Enisa Rustempašić
Director

INTERPRETERS
Sanja Prohić,
Lejla Ramić-Mesihović /English/
Aida Öztürk /Turkish/
Nurko Karaman /Arabian/

LANGUAGE EDITORS
Mina Zukić-Čaušević
/Bosnian/
Kadira Hadžić /English/
Amina Šiljak Jesenković
/Turkish/
Nurko Karaman /Arabian/

DTP
Branka Lubovac
Emir Fetahagić
Zilna Muminović
Nurko Karaman

COMPUTER PREPARATION
ABC Fabulas
DTP studio
"B-H Jornalist"

PRINTING HOUSE
GRIN Gracanica

ON BEHALF OF THE PRINTING HOUSE
Hajrudin Ćudić

2.000 Copies

Fehim Demir
İŞTE SARAYBOSNA

YAYINLAYAN
Saraybosna Kantonu
Şehit Asker
ve Sivillerin Cocuklarina
Burs Verme ve Eğitim Fonu
"IKRE"

YAYIN ORTAĞI
"COMPACT-E"
Publishing House Saraybosna

YAYIN SORUMLUSU
Müdür
Enisa Rustempašıç

TERCUMANLAR
Sanya Prohiç
Leyla Ramiç-Mesihoviç /Ingilizce/
Aida Öztürk /Türkçe/
Nurko Karaman /Arapça/

TAHSİS
Mina Zukiç -Causeviç/Bosnakça/
Kadira Haciç /Ingilizce/
Mehmet Bulut ve Amina Silyak-Yesenkoviç/Türkçe/
Nurko Karaman/Arapça/

BİLGİSAYAR YAZIMI
Branka Lubovac
Emir Fetahagiç
Zilha Muminoviç
Nurko Karaman

BİLGİSAYAR DİZGİSİ
ABC Fabulas
DTP Studio
"B-H Jornalist"

YAYINEVİ
GRIN Graçanitsa

YAYINEVİ SORUMLUSU
Hayrudin Çudiç

TİRAJ
2.000 adet

فهيم دمير
هذه هي سراييفو

الناشر:
"إقرأ" – الصندوق الإقليمي للمنح الدراسية لأولاد الشهداء وضحايا الحرب من المدنيين – سراييفو

الناشر المساعد:
COMPACTE, Publishing House - Sarajevo

عن الناشر:
أنيسة رستم باشيتش – المديرة

الترجمة:
سانيا بروهيتش وليلى راميتش مسيهوفيتش – الأنغليزية
كانيتا فونشاك وعدنان كمورا وياسمين جاتوفيش – الإيطالية
فاهدين بريلفيتش – الألمانية
نوركو كارمان – العربية

التنقيح:
مينا زوكيتش شاويشفيتش – البوسنوية
قديرة حجيتش – الإنغليزية
ياسمين جيندو – الإيطالية
فاهدين بريلفيتش – الألمانية

المعالجة بالكومبيوتر:
برانكا لوبوفاتس وأمير فتاح آغيتش

الإعداد بالكومبيوتر:
ABC Fabulas
DTP studio
B-H Jornalist

الطباعة:
GRIN Gracanica

عن المطبعة:
عبد الرحمن مستايباشيتش

عدد النسخ المطبوعة:
٣.٠٠٠ نسخة